Eduard Huber

Schwäbisch für Schwaben

Eduard Huber

Schwäbisch für Schwaben

Eine kleine Sprachkunde

Silberburg-Verlag

Der Autor:
Eduard Huber, 1936 in Stuttgart geboren,
verbrachte seine Kindheit und Jugend
in Bad Wurzach. Anschließend studierte er
in Rom, Freiburg, Wien, Bonn und München
Philosophie, Germanistik, Geschichte
und Geographie. Ab 1966 unterrichtete er
an Gymnasien in Stuttgart, Athen und
Crailsheim. Seit 2000 ist er im Ruhestand
und lebt in Crailsheim.

Gedruckt mit freundlicher Unterstützung
des Fördervereins »Schwäbischer Dialekt« e. V.

1. Auflage 2008

© 2008 by Silberburg-Verlag GmbH,
Schönbuchstraße 48, D-72074 Tübingen.
Alle Rechte vorbehalten.
Umschlaggestaltung: Uli Gleis, Tübingen.
Druck: Freiburger Graphische Betriebe, Freiburg i. Br.
Printed in Germany.

ISBN 978-3-87407-781-1

Besuchen Sie uns im Internet
und entdecken Sie die Vielfalt
unseres Verlagsprogramms:
www.silberburg.de

Inhalt

7 Vorwort

9 Schwäbisch als Sprache

12 Schwäbisch und Alemannisch

17 Schwäbische Laute und wie man sie schreibt

25 Schwäbische Dialekte

30 Grammatik I (Konjugation)

36 Vom Rhythmus des Schwäbischen

39 Der schwäbische Konjunktiv und andere Feinheiten

41 Grammatik II (Deklination)

45 Missverständnisse

48 Raum und Zeit

52 Schwäbischer Satzbau (Grammatik III)

57 Typisch schwäbisch

66 Oberschwäbisch

74 Uralte Erinnerungen

77 Wesch wäscha

80 Redensarten

83 Schimpfwörter und andere Grobheiten

87 Die kleinen Unterschiede

90 Schwäbisch in der Literatur

97 Echtes und Pseudo-Schwäbisch

101 Württemberg ist nicht Schwaben –
und umgekehrt

104 Vom schwäbischen Nationalcharakter

111 Von der schwäbischen Dummheit

117 Nachwort

121 Anhang

122 Abkürzungen
123 Fachausdrücke
124 Zeittafel zur Geschichte der Schwaben
127 Dialekträume in Baden-Württemberg

Vorwort

Schwäbisch für Schwaben? wird sich vielleicht mancher fragen, was soll das? Können denn die Schwaben kein Schwäbisch mehr? Doch, doch, es fragt sich nur, was für eins; denn »Schwäbisch« und echtes Schwäbisch sind oft zwei paar Stiefel. Aber auch jenen, die noch ganz gut Mundart sprechen, kann es nicht schaden, wenn sie sich gelegentlich dessen vergewissern, was sie an ihrer Muttersprache haben. Schaut nicht auch ein Briefmarken- oder Münzsammler bisweilen seine Sammlung durch, um sich wieder bewusst zu machen, was er alles besitzt? Geht nicht auch ein Bauer im Frühling einmal über seine Äcker, die er doch alle schon kennt, um nachzusehen, wie die Saat aufgegangen ist und welche Ernte er wohl zu erwarten hat? So geht auch der Sprachfreund bisweilen den Sprachschatz durch, der ihm von Kind an geschenkt worden ist, um sich dessen zu vergewissern, wie viel er noch davon besitzt, und sich in Erinnerung zu rufen, was er sonst vielleicht doch irgendwann vergessen könnte.

Und Schwäbisch für Nicht-Schwaben, für Rei(n)gschmeckte, was soll dabei herauskommen? Nicht mehr und nicht weniger, als dass sie lernen, die Schwaben, diese seltsamen Eingeborenen des deutschen Südwestens, ein wenig zu verstehen. Wenn schon die Deutschen von ihren Nachbarn ewig missverstanden werden, um wie viel mehr die Schwaben von den ihnen allzeit feindlichen Nordlichtern, die gleich die Nase rümpfen, wenn der erste schwäbische Laut an ihre nicht allzu feinen Ohren dringt. Es ist jetzt so viel von Integration die Rede, aber wie sollte sie gelingen ohne ein Minimum an Verstehen, das doch immer eine gewisse Sprachkenntnis voraussetzt?

Also, teure Mitbewohner dieses Landes, die ihr so wenig davon versteht, kein Schwabe erwartet, dass ihr Schwäbisch sprächet, was eine schiere Unmöglichkeit ist; aber dass ihr es doch wenigstens verstündet, ist das zuviel verlangt? Es ist doch immer ein wenig peinlich, wenn man sich in einem Land bewegt, dessen Sprache man nicht versteht. Viele Deutsche erfahren das schon, wenn sie durch Frankreich reisen, und erst recht in Polen. Aber mancher merkt nicht recht, wenn er in Schwaben ist, dass er die Leute im Grunde auch nicht versteht, und zwar aufgrund mangelnder Sprachkenntnisse. Nicht zuletzt, um diesen Missstand zu beheben, ist das vorliegende Buch verfasst worden.

Anmerkung: Falls Sie manche Fachausdrücke oder Abkürzungen nicht verstehen, sehen Sie bitte in den entsprechenden Verzeichnissen am Schluss des Bandes nach!

Schwäbisch als Sprache

Schwäbisch ist eine alte Sprache wie Provenzalisch oder Katalanisch oder Sardisch oder Niederländisch. Zwar gibt es Leute, die Provenzalisch für einen französischen, Katalanisch für einen spanischen oder Sardisch für einen italienischen Dialekt halten, aber die Sprachwissenschaft betrachtet sie als eigene Sprachen. Vielleicht könnte man noch am ehesten das Niederländische als Dialekt einstufen, und zwar als einen niederdeutschen; denn historisch ist es nichts anderes als Niederfränkisch, und hätten sich die Niederlande nicht im 16./17. Jahrhundert vom Reich getrennt, würde man wohl das Niederländische ebenso als deutschen Dialekt ansehen wie das niederdeutsche Platt. Umgekehrt hätte sich das Schwäbische sicher als eigene Sprache ausgebildet, wenn nicht die Schwaben schon im 8. Jahrhundert ins Fränkische Reich eingemeindet worden und dann beim Ostfränkischen und schließlich beim Deutschen Reich geblieben wären.

Damit von vornherein keine Missverständnisse aufkommen: Das Schwäbische gibt es seit rund zweitausend Jahren! Es ist somit rund viermal so alt wie jenes Lutherdeutsch, das sich im Verlauf der letzten fünfhundert Jahre allmählich zur Standardsprache in Deutschland entwickelt hat. Und es ist mindestens ebenso gutes Hochdeutsch wie dieses! Hochdeutsch ist ja die Sprache des hohen, das heißt des mittleren und südlichen Deutschlands, und wenn da irgendeine Werbeagentur im Auftrag der baden-württembergischen Landesregierung den saudummen Spruch verbreitet: »Wir können alles. Außer Hochdeutsch!«, so folgt sie damit nur jenem bodenlosen norddeutschen Vorurteil, ausgerechnet in Niederdeutschland spräche man das beste Hochdeutsch. Ach, die guten Leutchen wissen wahrhaftig nicht, was unten und was oben ist!

Ohne die Einigung der germanischen Stämme durch die Franken gäbe es heutzutage in Mitteleuropa wahrscheinlich vier Sprachen: zwei hochdeutsche, nämlich Schwäbisch und Bairisch, eine niederdeutsche, nämlich (Nieder-)Sächsisch, und das Fränkische, das in ober-, mittel- und niederdeutsche Dialekte zerfallen ist. Nur die staatliche Einheit bewirkte, dass sich im Laufe vieler Jahrhunderte, mühsam genug, eine Einheitssprache durchsetzen konnte, und wo jene zerfiel, ging alsbald auch die sprachliche Einheit in die Brüche, wie das Beispiel der Niederlande beweist, worauf auch die Entwicklungen in Luxemburg (mit »Letzenburgisch«) und in der Schweiz hinweisen. Noch bis zum Ende des Mittelalters gab es in Deutschland zwei Schriftsprachen: das Mittelhochdeutsche, das im Wesentlichen eine Literatursprache darstellte, und das Mittelniederdeutsche, das vor allem von der Hanse als Verwaltungs- und Verkehrssprache verwendet wurde. Es hätten sich bei uns also durchaus auch zwei Sprachen durchsetzen können: das Hochdeutsche im Süden, das Niederdeutsche im Norden, aber dazu ist es bekanntlich nicht gekommen, da sich das eine schließlich gegen das andere durchgesetzt hat.

Hätte sich vielleicht auch das Schwäbische durchsetzen können? Im Mittelalter durchaus; denn alle bedeutenden Herrscherfamilien des hohen und späten Mittelalters stammen aus Schwaben: die Welfen ebenso wie die Staufer, die Hohenzollern ebenso wie die Habsburger. Nicht zuletzt aber war das schon erwähnte Mittelhochdeutsche eigentlich nichts anderes als geschriebenes Schwäbisch! Man könnte also sagen, dass das Schwäbische auch deshalb als eigene Sprache zu werten sei, weil sich auf seiner Grundlage eine Schriftsprache entwickelt habe, ähnlich wie das Niederländische auf der Basis des Niederfränkischen. Aber das ist nicht der tiefste Grund; der liegt nämlich historisch sehr viel tiefer, eigentlich schon in der Vorgeschichte.

Die Sprachwissenschaft geht davon aus, dass sich bis zur Mitte des 1. Jahrtausends v. Chr. das Germanische so weit vom Indogermanischen entfernt habe, dass um diese Zeit eine eigene Sprache vorhanden sei, die man »Gemeingermanisch« nennt. Diese dürfte aber nicht allzu lange als einheitliche Sprache Bestand gehabt haben, was einerseits schon die weite räumliche Verteilung der Germanen nahelegt, was sich andrerseits auch aus der Formengeschichte erschließen lässt. Um die Zeitenwende, das heißt zur Römerzeit, muss es jedenfalls verschiedene Dialekte oder Sprachen gegeben haben; denn die Römer unterschieden nicht nur die Namen verschiedener Stämme, sondern auch deren Sprachen. Und wenn Tacitus in seiner Germania (Kap. 43) schreibt, die Bari und Marsingi seien, was ihre Sprache angeht, den Sueven ähnlich, so ist doch wohl klar, dass man damals schon eine suevische Sprache, das heißt das Schwäbische kannte. (Suevi, suebi und Schwaben sind dasselbe.) Die am Anfang aufgestellte Behauptung, das Schwäbische sei zweitausend Jahre alt, war also kein dummer Schwabenwitz, sondern eine seriöse wissenschaftliche Aussage und sollte auch von jenen zur Kenntnis genommen werden, welche notorisch auf die Schwaben herabsehen.

Schwäbisch und Alemannisch

Im 17. Kapitel des 5. Buchs seines Simplicissimus erzählt Grimmelshausen, wie sein Held vom Mummelsee zurückkommt und um Mitternacht tief im Wald auf ein paar Bauern trifft, die um ein Feuer sitzen und bei seinem plötzlichen Erscheinen sehr erschrecken: »›Wie?‹ sagte ich, ›will mir denn keiner antworten?‹ Sie verblieben aber noch eine gute Weil erstaunt, bis sich endlich einer erholte, und sagte: ›Wear ischt denn der Hair?‹ Da hörete ich, daß es ein schwäbische Nation sein müßte, die man zwar (aber vergeblich) für einfältig schätzet; sagte derowegen, ich sei ein fahrender Schüler, der jetzo aus dem Venusberg komme und ein ganzen Haufen wunderlicher Künst gelernet hätte. ›Oho!‹ antwortet der älteste Baur, ›jetzt glaub ich gottlob, daß ich den Frieden wieder erleben werde, weil die fahrenden Schüler wieder anfangen zu reisen.‹«

Dieser letzte Satz ist gewiss kein Schwäbisch, aber an der Frage »Wear ischt denn der Hair?« lässt sich unschwer die »schwäbische Nation« erkennen. Dass Simplicissimus, von Westen kommend, gerade im Schwarzwald auf schwäbisches Gebiet gerät, entspricht durchaus den realen Gegebenheiten, denn die schwäbisch-alemannische Dialektgrenze verläuft auf weiten Strecken nahe dem Schwarzwaldkamm. Aber diese Grenze ist relativ jung und stammt erst aus der Zeit der neuhochdeutschen Diphthongierung, welche hier an ihrer Westgrenze erst im 15. Jahrhundert ankam. Bis ins 14./15. Jahrhundert gab es zwischen dem Schwäbischen und dem Alemannischen keine so auffälligen Unterschiede. Heutzutage aber sagen die Alemannen »mi Wib« und »mi Hus«, wogegen es auf schwäbisch »mei(n) Weib« und »mei(n) Haus« heißt.

Es ist eine alte Streitfrage, ob Schwaben und Alemannen jemals wirklich *ein* Volk gewesen seien, aber das ist auch eine Definitionsfrage: Was ist ein Volk? Was ist ein Stamm? Sicher ist, dass die Völkerschaften, die um die Zeitenwende den Römern gegenüberstanden, meist Kleinstämme waren, die sich erst in der Folgezeit, vor allem dann in der Völkerwanderung zu größeren Stammesverbänden zusammenschlossen. Um die Zeitenwende gibt es am Oberrhein Triboker, Nemeter und Wangionen, östlich des Schwarzwalds Sweben und Naristen, die zum Teil durch den Bau des obergermanisch-rätischen Limes im 2. Jahrhundert voneinander getrennt werden.

Wo kommen diese Völker her? Als Stammsitze der Sweben gelten die Gebiete östlich der mittleren Elbe. Sprachlich bilden sie zusammen mit den späteren Baiern und den Langobarden die Gruppe der Elbgermanen, die nach einer Bezeichnung des Tacitus auch »Erminonen« genannt werden. Sie bestehen schon zur Römerzeit aus mehreren Teilstämmen, deren bekanntester die Semnonen sind, von denen Tacitus sagt, sie hielten sich für die »vetustissimos nobilissimosque Sueborum«, das heißt für die ältesten und vornehmsten der Sweben. Seinem Bericht zufolge bewohnen sie hundert Gaue und sehen sich schon allein aufgrund ihrer Volkszahl als der Hauptstamm der Sweben (»Sueborum caput«). Trotzdem spielt im weiteren Verlauf der Geschichte der Name der Semnonen keine Rolle mehr, und es setzt sich allgemein der Name Sweben beziehungsweise Schwaben durch.

Seit dem 3. Jahrhundert n. Chr. taucht aber auf einmal der Name »Alamannen« auf. Er bezeichnet einen Bund mehrerer swebischer Stämme zum gemeinsamen Kampf gegen die Römer und umfasst, soweit sich das noch erschließen lässt, Semnonen, Mainsweben, Hermunduren und Juthungen. Diesem offenbar militärisch starken Verband gelang es bereits 213 n. Chr., den Limes an mehreren Stellen zu durchbrechen und in kurzer Zeit die Römer zur Aufgabe Obergermaniens zu zwingen. So sind denn die Schwaben beziehungsweise Alemannen der erste germanische Stamm, dem es nicht nur (wie einst den Kimbern und Teutonen) gelingt, die Römer in Angst und Schrecken zu versetzen, sondern ihnen auf Dauer einen Teil ihres Territoriums abzunehmen. Sie sitzen hier nun also seit rund 1800 Jahren in ihrem neuen Stammesgebiet zwischen Rhein und Lech, zwischen Main und Alpen und haben nur um 500 herum den Franken den nördlichsten Teil ihres Gebiets zwischen dem Main und dem mittleren Neckar räumen müssen.

Das ganze Mittelalter hindurch spielt der Name »Alemannen« keine Rolle. Das Herzogtum im Südwesten Deutschlands heißt immer nur »Schwaben«, so wie heute noch jener bayrische Regierungsbezirk zwischen Iller und Lech, den sich das neue Königreich Bayern zur Zeit der so genannten napoleonischen Flurbereinigung (1806–1810) angeeignet hat: schwäbische Ostgebiete unter bayrischer Verwaltung! Auch in der Neuzeit taucht der historische Name der Alemannen lange Zeit nicht auf, bis ihn ein Schriftsteller aus dem Wiesetal (nördlich von Basel) dem Vergessen entreißt: Im Jahr 1803 veröffentlicht Johann Peter Hebel seine »Alemannischen Gedichte«. Seitdem hat sich die Bezeichnung »alemannisch« für jene westlichen und südlichen Regionen des schwäbischen Stammesgebiets durchgesetzt, welche die neuhochdeutsche Diphthongierung nicht durchgeführt haben, das heißt fürs Elsass, Südbaden, die Nord- und Innerschweiz und Vorarlberg. Schwäbisch im engeren Sinn spricht man demnach nur vom Schwarzwald bis zum Lech und vom mittleren Neckar bis nahe an den Bodensee und ins Allgäu. Als ursprüngliche Nordgrenze gilt die Linie Hornisgrinde–Hoher Asperg–Hesselberg, doch hat das Schwäbische in den letzten Jahrhunderten nach Norden ausgestrahlt, sodass dort ein schwäbisch-fränkischer Übergangsbereich entstanden ist.

Wenn nun im Folgenden die schwäbische Sprache vorgestellt wird, so ist immer nur das Schwäbische im engeren Sinn gemeint, nicht das Alemannische, und das mit gutem Grund; denn das Schwäbische selbst zerfällt schon wieder in so viele Dialekte und Ortsmundarten, dass es schwer genug ist, es einigermaßen übersichtlich darzustellen.

Bevor wir uns an diese Aufgabe machen, ein paar Worte zur Bedeutung der Volksnamen »Schwaben« und »Alemannen«: Der Name »Alamanni« ist nachweislich erst 289 zum ersten Mal bezeugt, doch behauptet der byzantinische Geschichtsschreiber Agathias (etwa 530–582), er sei schon zu Beginn des 3. Jahrhunderts von Asinius Quadratus erwähnt und mit »zusammengelaufene und vermischte Leute« interpretiert worden. Aber das ist römische Propaganda gegen diese lästigen Germanen, die noch Kaier Valentinian I. im 4. Jahrhundert als »Feinde des ganzen römischen Erdkreises« bezeichnet. Dass Alemannen nichts weiter als »alle Männer« bedeutete, ist nicht so sicher, wie viele meinen, denn es ist so unspezifisch, dass sich jedes andere Volk auch so nennen könnte. In Erwägung zu ziehen ist jedenfalls, dass »ala« auf »alah« zurückgehen kann, was »Tempel« oder »Heiligtum« bedeutet. Die »alahmanni« wären demnach die Männer des Heiligtums, das heißt Leute, die einen heiligen Bund geschlossen haben, eine Schwurbrüderschaft also, ähnlich der späteren Eidgenossenschaft. Bei Stämmen, die sich eigens zu einem Kampfbund gegen einen übermächtigen Feind wie die Römer zusammengeschlossen haben, ergibt diese Deutung etwas mehr Sinn als das allzu nichtssagende »alle Mannen«.

Der Name »suevi/suebi«, der sich lautgeschichtlich zu »Schwaben« entwickelt hat, ist sogar noch schwerer zu deuten und hat deshalb zu allerlei Spekulationen verführt. So glaubt der Schriftsteller Hammerbacher, ihn mit dem Verb »schweben« in Beziehung setzen zu müssen und folgert: »So mag der Sinn des Namens der Sueben etwa mit ›Aus dem Norden kommend‹ und ›Sich über dem Wasser bewegen‹ oder ›Sich schwingend bewegen‹, schließlich ›Glück und Erfolg haben‹ umschrieben werden, alles Deutungen, die einen erhabenen, heiligen Sinn in sich bergen und über die Erklärung der Sueben als ›Leute vom eigenen Stamm‹ weit hinausgehen« (H. W. Hammerbacher: Die hohe Zeit der Sueben und Alamannen). Das ist gut gemeint, aber doch wohl unhaltbar, nicht nur weil es mit dem nüchternen Charakter des Schwaben nicht übereinstimmt, sondern vor allem aufgrund der Lautgeschichte: Das Wort »schweben« hat ursprünglich einen kurzen Stammvokal, der eben deshalb auch als e erhalten geblieben ist, das Wort »suebi« aber enthält ein langes e, das sich gesetzmäßig zu a entwickelt hat. (So wird aus »glesum«, das Bernstein bedeutet, unser Wort »Glas«.) Das Verb »schweben« und der Name »Schwaben« gehen also auf zwei verschiedene Wortstämme zurück, die man nicht durcheinander werfen sollte.

Das Einzige, was man mit Bestimmtheit sagen kann, ist, dass die Stammesnamen »Schwaben« und »Schweden« durch Stabreim verbunden sind. Da nun im Germanischen ein solcher Stabreim bei der Namengebung gewöhnlich auf Verwandtschaft deutet, darf man annehmen, dass die Schwaben in sehr früher Zeit, etwa im frühen 1. Jahrtausend v. Chr., ein Bruderstamm der Schweden gewesen sein dürften. Diese Annahme wird durch kulturhistorische Befunde gestützt, und zwar dadurch, dass beide Völker dieselben Viehrassen gezüchtet und dieselben Ackergeräte verwendet haben. Wie dem auch sei, der Name »Schwaben« bleibt so rätselhaft, wie dieses Volk vielen Fremden immer unverständlich bleibt. (Ob dieses Buch etwas daran ändern kann, wird sich zeigen.)

Schwäbische Laute und wie man sie schreibt

Man sagt, es gebe nur eine Möglichkeit, perfekt Russisch zu lernen: Man müsse als Russe geboren werden. Mit dem Schwäbischen verhält es sich ähnlich: Es gibt wirklich sehr wenige Nicht-Schwaben, die es perfekt gelernt haben, und diese wenigen sind jene, die in rein schwäbischer Umgebung groß geworden sind und schwäbische Spiel- und Schulkameraden gehabt haben. Man muss diese Sprache von Kind an hören, um ihre Feinheiten unterscheiden zu können; wer als Erwachsener nach Schwaben kommt, wird vielleicht irgendwann ein wenig schwäbisch radebrechen, aber jeder Schwabe wird gleich merken, dass er's mit einem Fremden zu tun hat.

Eine der größten Schwierigkeiten, das Schwäbische andern zu vermitteln, besteht darin, dass es dafür keine geeignete Schrift gibt. Die 26 Buchstaben unseres lateinischen Alphabets reichen vorn und hinten nicht aus, den Reichtum des schwäbischen Vokalismus wiederzugeben, sodass viele Texte, die schwäbisch sein wollen, in Wahrheit weit davon entfernt sind, es wirklich zu sein.

Es gäbe eine Möglichkeit, dieser Sprache gerecht zu werden, nämlich die Internationale Lautschrift, mit der allerdings die meisten Leute nicht viel anfangen können. So greifen selbst wissenschaftliche Publikationen wie der »Kleine Bayerische Sprachatlas« (der auch Schwaben mitumfasst) zu Ersatzlösungen und schreiben Nasale mit hochgestelltem n, beispielsweise gau[n] (gehen) oder Stoi[n] (Stein). Der »Kleine Dialektatlas. Alemannisch und Schwäbisch in Baden-Württemberg« deutet den Nasal überhaupt nicht an und schreibt einfach »stau« (stehen) und »gau«. Das ist unbefriedigend, da gerade die Nasale zu den ganz typischen Eigenheiten des Schwäbischen gehören.

Eine weitere Schwierigkeit der Wiedergabe der schwäbischen Laute liegt darin, dass man sich in den Computerprogrammen die passenden Zeichen mühsam unter den zahllosen Sonderzeichen zusammensuchen und einprogrammieren muss (was manchem älteren Semester wie mir schwerfällt). Man wird also bei der Wiedergabe gewöhnlich zu Kompromissen gezwungen sein, vor allem, wenn man für Laien schreibt, und versuchen, sich nicht allzu weit von der gewohnten Standard-Rechtschreibung zu entfernen, auch wenn sie in Wahrheit nichts als eine regulierte Falschschreibung darstellt.

Vergleichsweise einfach ist es bei den Konsonanten, da das Schwäbische hier nur wenige Besonderheiten aufweist. Die durch die 2. Lautverschiebung betroffenen p-t-k-Laute sind ja von der Schriftsprache nach dem oberdeutschen Lautstand übernommen worden, sodass p zu pf oder f geworden ist, t zu z oder s, k im Inlaut zu ch oder h. Die Verschiebung von k zu kch ist fast nur im Hochalemannischen erfolgt (Kchind, Kchuchikchaschtli); im Schwäbischen spricht man hier aspiriertes k, also kh, wie fast überall in Deutschland.

Weite Teile Schwabens sind nun allerdings von der »binnendeutschen Konsonantenschwächung« erfasst, welche bewirkt, dass die p-t-k-Laute im Wortinneren zu b, d und g entwickelt sind. »Rappel« klingt also wie »Rabbl«, »Rettich« wie »Reddich« und »Acker« wie »Agger«. Dieses Phänomen findet sich jedoch nicht nur im Schwäbischen, sondern in weiten Teilen Süd- und Mitteldeutschlands, nach Norden bis zu einer Linie Köln–Kassel, also in der Pfalz ebenso wie in Hessen, auch in Thüringen und Sachsen.

In den südlichen Gebieten Schwabens, und zwar südlich der Linie Sigmaringen–Herbertingen–Laupheim–Illertissen–Memmingen–Augsburg, sind p, t und k dagegen erhalten. Dort heißt es dann für »bieten/geboten« nicht »biade/bode« wie weiter nördlich, sondern »biete/bote«. Man wird also, wenn man das ganze schwäbische Sprachgebiet erfassen will, teils die weichen (Lenes), teils die harten Laute (Fortes) schreiben müssen. Davon sollte sich niemand irritieren lassen.

Das r ist traditionell ein Zungen-r, das unterschiedlich artikuliert wird, in manchen Gegenden wie auf der Alb mit markantem Rollen, anderswo wie in Oberschwaben als unaufdringliches ein- bis zweischlägiges r, das in manchen Kombinationen sogar wie ein d klingt: »Voradlberg«. Leider hat sich seit dem 18. Jahrhundert jene französische Rachenkrankheit ausgebreitet, die der Sage nach auf den Sprachfehler eines französischen Kronprinzen zurückgeht und zunächst den Adel infiziert hat. Dieses Rachen- oder Zäpfchen-r, das bei manchen Leuten wie Räuspern klingt, hat sich später über den Rhein nach Baden und in Württemberg wohl von den Residenzen Stuttgart und Ludwigsburg aus verbreitet. In Oberschwaben wird diese Aussprache als »reißen« bezeichnet, und Leute, die so ein geräuspertes r von sich geben, werden mit dem Spruch verspottet: »Mei(n) Vatter cheißt, mei(n) Muetter cheißt, bloß i alloi ka(n) chch sage!« – Unabhängig von den verschiedenen Artikulationen wird im Folgenden immer r geschrieben.

Weit schwieriger als bei den Konsonanten gestaltet sich die Sache bei den Vokalen, die ein feines Gehör und eine differenzierte Schreibung erfordern. Als ich einmal einem Freund aus Niedersachsen zu erklären versuchte: »Mädle ist Singular, Mädla Plural«, schaute er mich groß an und gestand: »Ich hör' gar keinen Unterschied!« Tja, das ist eben das Kreuz mit den Norddeutschen, dass sie so entsetzlich schwerhörig sind! Vielleicht kommt es daher, dass sie bei dem ewigen Sturmgebraus von der Nordsee her niemals zartere Töne unterscheiden lernen, sodass man bei vielen nicht einmal erkennt, ob sie von Beeren oder Bären reden.

Obwohl im Schwäbischen das ö zu e und das ü zu i entrundet sind, bleibt eine ungemein reiche Palette von Vokalen und

Diphthongen. Neben der Normalreihe a, e, i, o, u gibt es das offene e (ä), das niemals mit dem geschlossenen verwechselt wird, und das offene o, das aus langem a entstanden ist und wofür es schon keinen geeigneten Buchstaben gibt; es wird hier wie im Schwedischen durch ein a mit darübergesetztem o dargestellt, also å. Dazu kommt der Indifferenz- oder Schwalaut, ein undifferenzierter, leicht nasaler, zwischen e und a stehender Laut, der in der Lautschrift mit einem gestürzten a oder e geschrieben wird. Dieser Laut findet sich in vielen deutschen Dialekten bis hinunter zum Niederländischen gewöhnlich anstelle der Endsilbe -en. Er kommt jedoch nicht nur bei Verb-Endungen (komm-en), sondern auch sonst vor und wird immer deutlich von einem reinen e unterschieden. So heißt es »hälinga« (heimlich), aber »hofele« (vorsichtig), und das macht, zumindest für den Schwaben, einen erheblichen Unterschied.

Dieser häufige und oft gar nicht richtig wahrgenommene Laut wird bald mit a, bald mit e geschrieben (was beides falsch ist), manchmal durch ein hochgestelltes a (was gut wäre, wenn es vom Computer nicht so unsinnig verkleinert würde) oder durch ein a mit kleinerer Type (was auch immer ein Umschalten erfordert). Um diesen Komplikationen auszuweichen, wird der Schwalaut im Folgenden mit einem griechischen Alpha geschrieben, also α.

Neben den reinen gibt es eine komplette Reihe nasalierter Vokale: ã, ẽ, ĩ, õ und ũ (das meist gegen õ tendiert), die alle darauf zurückgehen, dass ein nachfolgender Nasal mit einem Vokal verschmolzen ist. Es heißt also: Mãã (Mann), Zãã (Zahn), schẽẽ (schön), hĩĩ (hin), schõ (schon), ũmeglich beziehungsweise õmeglich (unmöglich). Diese Laute sind wie im Portugiesischen mit einer Tilde zu schreiben.

Nun hat sich in der wissenschaftlichen Literatur der Brauch durchgesetzt, alle langen Vokale doppelt zu schreiben: Kaas, Kääs, Voogl, Veegl, Vöögl usw. Man kann sich zwar daran ge-

wöhnen, aber etwas lästig ist es doch. Warum sollte man »Taal«
schreiben, wo doch jeder Mensch »Tal« ebenso mit langem a
spricht? Um den Lesefluss nicht zu stören, halte ich mich, soweit
möglich, an die gängige Rechtschreibung. Darum schreibe ich
auch die Personalpronomina nicht als »ii, mii, dii« usw., sondern »ih, mih, dih«, weil es näher bei »ich, mich, dich« liegt. Es
gibt allerdings Fälle, wo eine Klarstellung nötig ist: »Mann« ist
kurz zu sprechen, schwäb. »Mãã« dagegen lang; also muss man
hier den Vokal verdoppeln und das umso mehr, als das unper-
sönliche »man« kurz ist: »mã«! Ganz ohne Komplikationen geht
es also doch nicht.

Schwierig wird die Sache bei den Diphthongen (Zwielauten),
von denen es einige mehr als in der Standardsprache gibt, die
kaum noch zwischen alten und neuen Diphthongen unterscheidet und bedenkenlos »Reise« auf »Weise« oder »Glaube«
auf »Traube« reimt, also ai auf ei oder ao auf au. Das ist umso
erstaunlicher, als in allen deutschen Dialekten ohne Ausnahme
immer und überall zwischen diesen beiden Gruppen unterschieden wird. – Zur Klarstellung: Alte Diphthonge sind jene,
die schon im Alt- und Mittelhochdeutschen (Ahd., Mhd.) als
solche erscheinen (gloube, koufen; reise, heilen), neue, die erst
im Neuhochdeutschen (Nhd.) aus mhd. langen Vokalen entstanden sind: Haus aus hûs, Wein aus wîn. (NB. Der Zirkumflex bedeutet im Mittelhochdeutschen Länge!) Ähnlich wird aus
mhd. liute, mit langem ü gesprochen, nhd. Leute.

Im Schwäbischen wird nun mhd. ou zu ao (Glaobe, kao-
fen), mhd. ei im Westschwäb. zu ai oder oa, sonst allgemein zu
oi, also »Reise« zu »Rais« oder »Roas«, meist aber zu »Rois«.
Aus langem u wird au, aus langem i ein ei, also: Haus, faul;
Zeit, greifen usw. Der kleine Dialektatlas unterscheidet au (offen) und ou (geschlossen), was beides zu weit von der tatsäch-
lichen Aussprache entfernt ist. Ich wähle daher ao (offen) und
au (geschlossen).

Daneben wird das alte ie wie in allen oberdeutschen Dialekten immer noch als Diphthong, also nicht als langes i gesprochen (schiaf, tiaf), ebenso das alte üe (miɑd). Dasselbe gilt von ahd. uo, mhd. ue; es heißt: Schuɑ (Schuh), Gruɑß, i muɑß, huɑschtɑ. Das lange e ist meist zu äɑ zerdehnt (offenes e + Schwalaut): Wäɑg, Läɑbɑ, gäɑbɑ, im Westschwäb. in offener Silbe auch zu ai: Schnai, wai (weh). Im Ostschwäb. ist auf ähnliche Weise auch das lange o zum Diphthong geworden, und zwar zu åɑ. Dort heißt es dann Stråɑ (Stroh) oder gråɑß. Der Einfachheit halber soll nun aber im Folgenden wie im Mhd. ie und ue geschrieben werden, ebenso äe. Man muss sich nur merken, dass bei Diphthongen dieses e wie seit alter Zeit einen Indifferenzlaut symbolisiert. Für das åɑ, welches kaum eine Rolle spielt, soll das oa genügen.

Zu alledem gibt es noch ein aus ahd. iu entstandenes ui in Knui beziehungsweise Gnui (Knie), nui (neu), huir (heuer) und vergleichbaren Wörtern. Summa summarum ergibt das zehn verschiedene Diphthonge! Es ist daher wohl nötig, sie hier noch einmal in einer Übersicht darzustellen:

au (dumpfes a + u) wie in Haut, Kraut, klauben, rau, faul, auf, aua!,

ao (helles a + o) wie in Raob, schlao, blao, grao, gnao (genau),

ei (dumpfes a + i) wie in Weib, Zeit, Blei, schreiɑ, bleibɑ, glei (gleich),

ai (helles a + e !) wie in westschwäb. Schnai (Schnee), Klai (Klee), graißer (größer), Aier,

oi (offenes o + e, also å + e) wie in mittelschwäb. Kloid, Oier, broit, zwoi, hoißɑ, schloifɑ,

oa (offenes o + Schwalaut, also å + ɑ): im Westschwäb. aus ei entstanden (Floasch, broat, zwoa), im Ostschwäb. aus langem o (groaß, roat, Stroa)

äe (offenes e + Schwalaut, also ä + ɑ) in Wäeg, Läeba, Knäecht, räecht, wäegɑ (wegen), im Ostschwäb. auch: Schnäe, Kläe, gräeßer,

ie (i + Schwalaut, also iɑ) in Siech, tief, lieb, schief usw. – Man lese es bitte nicht als langes i.

ue (u + Schwalaut) in Schue (Schuh), Bluet, Huet, Rue (Ruhe), guet, gnue (genug),

ui (so genannter gestürzter Diphthong aus ahd. iu), in Fuir (Feuer), Schuir, Zuig, Fluig (Fliege), Gnui (Knie), nui (neu) und manchmal auch: duif (tief), sui (sie) u. a.

Aber das ist noch nicht alles! Wie viele Vokale werden nämlich auch einige Diphthonge nasaliert, vor allem ao, oi (eigentlich oe) und ai (eigentlich ae). Da nun ein nasaliertes i überhaupt nicht nach i, sondern nach e klingt, schreibe ich in diesen Fällen õẽ und ãẽ, also: Mãõ (Mond), hãõ (haben), gãõ (gehen), stãõ (stehen), lãõ (lassen); ɑllõẽ (allein), hõẽ (heim), klõẽ; mãẽ (mein), dãẽ, sãẽ, fãẽ, Verãẽ. Nasalierte Diphthonge dieser Art gibt es außer im Schwäbischen nur im Portugiesischen, und das ist kein Zufall.

Während meines Studiums kannte ich ein paar Studenten aus Brasilien, die sich bisweilen den Spaß machten, ihre Kommilitonen aus brasilianischen Zeitungen vorlesen zu lassen. Wenn diese dann über die seltsamen portugiesischen Laute stolperten, lachten die Brasilianer wie die Kinder. Eine Tages, als es mich mit dieser Lektüre traf, las ich das Portugiesische einfach, als ob es Schwäbisch wäre. Die Brasilianer wunderten sich nicht wenig, und als ich ihnen erklärte, wie ich es gemacht hatte, waren sie wie elektrisiert: »Natürlich«, meinten sie, »Portugal ist ja aus einem swebischen Reich hervorgegangen!« Ich musste damals gestehen, dass ich das gar nicht gewusst hatte, aber sie als gebildete Brasilianer kannten sich in der portugiesischen Geschichte eben besser aus als ich.

Es gibt übrigens noch eine markante Übereinstimmung zwischen beiden Sprachen: die Palatalisierung des s, das heißt die Verschiebung des s von den Zähnen an den Gaumen; im Klartext: Aus dem s wird ein sch. Die Schwaben sprechen das st bekanntlich nicht nur im Anlaut als scht, sondern auch im Inlaut: »Wurscht«, »hueschta«, »Dees ischt mir wurscht!«. Dasselbe gilt von sp und sb: »Weschp«, »Herbscht«, »Kaschper«. Die Portugiesen gehen allerdings noch einen Schritt weiter, indem sie auch auslautendes s palatalisieren und den Namen ihres großen Dichters Camões als Camõēsch sprechen. – Es ist unverkennbar: Portugiesisch ist schwäbisches Latein, ähnlich wie Spanisch gotisches und Französisch fränkisches Latein ist! Jedenfalls tönt der Klang der schwäbischen Zunge nicht bloß bis zum Schwarzwaldkamm, sondern bis an den Fuß der Anden!

Fazit: Wie man sieht, ist die schwäbische Phonetik eine wahre Hexenküche, in der es einem leicht schwindlig wird bei alledem, was da zusammengebraut wird. Um die Leser nicht zu überfordern, beschränke ich mich daher auf einige wenige Sonderzeichen:

– den **Zirkumflex** (statt der Tilde) für alle Nasale, sowohl die einfachen wie die diphthongierten,
– das schwedische **å** für das aus langem a hervorgegangene offene o,
– das griechische **α** für den Indifferenz- oder Schwalaut, und zwar grundsätzlich nur in unbetonten Silben. Um das Schriftbild nicht zu überfrachten, wird bei Diphthongen in zweiter Position statt des α ein gewöhnliches e geschrieben, wie im Mhd.: »Lieb« ist also wie »liab« zu lesen, »guet« wie »guat«. – Wir kommen also mit nur drei Sonderzeichen aus.
– Vokallängen werden grundsätzlich wie in der Standardsprache geschrieben; nur wo es unumgänglich ist, werden sie doppelt gesetzt, so in »der Mãã, ih kãã, er gåãt« u. Ä. Wörter wie »Vieh« oder »viel« müssen ohne ie geschrieben werden, da nur langes i gesprochen wird; deshalb also: »Vih« und »vil«.

Schwäbische Dialekte

Die meisten Sprachen kennen verschiedene Dialekte, teils weil sie sich im Laufe der Sprachgeschichte aufgespaltet haben, teils weil sie aus ursprünglich verschiedenen Sprachen zusammengewachsen sind, deren Eigenheiten sich wenigstens teilweise erhalten haben. Da nun das Schwäbische, wie schon dargelegt, zumindest von seinem Ursprung her als Sprache zu gelten hat, sollte es nicht verwundern, dass es davon verschiedene Dialekte gibt, von etlichen Regionalsprachen angefangen bis herunter zu den vielgestaltigen Ortsmundarten.

Es würde zu weit führen, wenn wir uns hier auf diese einließen, aber eine Grobgliederung des schwäbischen Sprachgebiets muss dennoch vermittelt werden, damit der Fremde sich nicht wundert, wenn er etwa in Rottweil am Neckar ein völlig anderes Schwäbisch hört als in Nördlingen im Ries oder in Buchau am Federsee. Nach Karl Bohnenbergers Einteilung gibt es fünf Dialekte:

- **Westschwäbisch** zwischen Tuttlingen, Freudenstadt, Ludwigsburg und Albstadt,
- **Mittelschwäbisch** zwischen Sigmaringen, Ulm, Backnang und Tübingen,
- **Ostschwäbisch** zwischen Welzheim, Ulm, Donauwörth und Ellwangen,
- **Süd-Mittelschwäbisch** zwischen Ulm, Leutkirch und Tuttlingen,
- **Süd-Ostschwäbisch** zwischen Ulm, Donauwörth, Füssen und Leutkirch.

Das scheint auf den ersten Blick verwirrend, lässt sich jedoch anhand einer Karte durchschaubar machen: Westschwäbisch spricht man am oberen Neckar und auf der Ostseite des Schwarzwalds, Mittelschwäbisch am mittleren Neckar und auf der mittleren Alb, Ostschwäbisch auf der Ostalb und in ihrem nördlichen Vorland, ebenso im Ries. Mittel- und Ostschwäbisch setzen sich nach Süden über die Donau bis ins Bodenseegebiet und ins Allgäu fort, sodass wir streng genommen nur drei Großdialekte haben, in langen Nord-Süd-Streifen, von denen zwei durch die Donau unterteilt sind. Was bei Bohnenberger Süd-Mittelschwäbisch heißt, möchte ich Oberschwäbisch nennen, da es im größten Teil Oberschwabens gesprochen wird, das Süd-Ostschwäbische deckt sich im Wesentlichen mit dem bayrischen Regierungsbezirk Schwaben und könnte auch bayrisches Schwäbisch genannt werden. Beide südliche Regionen haben gemeinsam, dass dort (wie schon erwähnt) p, t und k weitgehend erhalten sind, also hart gesprochen werden.

Sowohl West- als auch Ostschwäbisch (im weiteren Sinn) unterscheiden sich vom Mittelschwäbischen (i. w. S.) vor allem durch die Zerdehnung langer Vokale.

Westschwäbisch	Mittelschwäbisch	Ostschwäbisch
Schnai	Schnee	Schnäe
wai	weh	wäe
bais	bees	bäes
graoß	groß	groaß
Strao	Stroh	Stroa

Das führt dazu, dass ein und dieselbe Aussage in zwei Gebieten recht verschieden klingt:

Westschwäbisch   »Dees ischt α graoß Elend; se hairt fascht nex mai.«

Mittelschwäbisch	»Dees ischt α groß(es) Elend; se heert fascht nix meh.«
Ostschwäbisch	»Dees ischt α groaß Elend; se häart fascht nix mäe.«

Wie man sieht, steht dabei das Mittelschwäbische der Standardsprache näher als die andern. Leute aus den westlichen und östlichen Gebieten werden es deshalb als weniger typisches Schwäbisch empfinden. Trotzdem wollen wir uns mit Rücksicht auf die Nicht-Schwaben im Wesentlichen am Mittelschwäbischen orientieren, da die Sprachhürde hier nicht so hoch ist. Aber es wäre dennoch ein Missverständnis, wenn man dies nun als eine Art Normsprache auffasste, zumal da auch innerhalb des Mittelschwäbischen erhebliche Unterschiede zwischen Nord und Süd, also dem Nieder- und dem Oberschwäbischen auftreten (wenn man so sagen darf).

Im Norden, also am mittleren Neckar, tendiert das i gewöhnlich zu e, das u zu o. Hier hört man dann: I bē (ich bin), Bene (Bühne), hē (hin), nex, brommα, Homml, drommα (drüben), wogegen es im Oberland heißt: I bī, Bīne, hī, nix, brummα, Humml. (Einen genauen Vergleich zu »drommα« gibt es nicht, da es hier »diibα« heißt.) Besonders auffällig ist die verschiedene Ausformung der Negation: Wir haben im Norden »et«, verstärkt »eddα«, im Süden dagegen »it«, selten »ittα«. Der letzte württembergische König soll einmal gesagt haben: »Die ersten beiden Wörter, die meine Landeskinder lernen, sind: nõē! eddα!« Das neuerdings für typisch schwäbisch gehaltene »net« stammt aus keinem der bisher genannten Dialekte, sondern ist so genanntes Honoratiorenschwäbisch.

Darunter versteht man eine gehobene, dem Schriftdeutschen angenäherte Sprachform, wie sie vor allem von den württembergischen Beamten und dem Stuttgarter Bürgertum entwickelt wurde. Wie alle vornehmen Leute wollten halt auch diese Herrschaften keinen als bäurisch empfundenen Dialekt gebrauchen und »verfeinerten« nun das Schwäbische, indem sie beispielsweise die typische Entrundung von ö und ü rückgängig machten und flöteten: »Ih hätt zerscht gern α Brötle zom Kaffee. Ond brenget Se mer nåchher α Stückle Kuecha.« Auf schwäbisch müsste es »Stickle« und »Breetle« heißen, wenn überhaupt; denn normalerweise heißt das kleine Gebäck »Wecka« beziehungsweise »Wegga«.

Natürlich kennen diese Vornehmtuer auch sonst kein Pardon mit ihrer Muttersprache. »I hãõ« kommt ihnen nicht über die Lippen; sie sagen: »Ih han Honger.« Statt »Mir hend schö gäessα« erklären sie: »Mir habet scho gässα.« Bei manchen bleibt außer der typischen Pluralendung -et (mir/ir/se kommet) nur noch die aufdringliche Diminutivendung -le, und zwar bei jeder passenden und unpassenden Gelegenheit. Da werden nicht nur Substantive verkleinert (Mädle, Bieble, Häfele, Deggele), sondern auch Adverbien und Partikel. Besonders beliebt ist »sodele, etzetle!« Dass sie sich damit bei anderen Schwaben eher lächerlich machen, scheinen sie nicht zu bemerken. – Als einige Jahre nach dem Krieg wieder Kurgäste ins Oberland kamen, meist aus der Stuttgarter Gegend, und immer wieder ihr notorisches »sodele!« fallen ließen, flüsterten manche Eingeborene spontan: »Scheiß Bodele!« und fügten vielleicht noch ganz leise hinzu: »... it immer bloß Bankele!«

Aber das Honoratiorenschwäbische stellt nicht die einzige Gefahr für die bodenständigen Dialekte dar, sondern jene schwäbisch-fränkische Mischsprache, wie sie sich im Nordwesten Württembergs etwa von der Gegend um Calw bis an den Neckar bei Heilbronn entwickelt hat. Die alte schwäbische Sprachgrenze verläuft ja sehr nahe an Stuttgart auf der Linie Leonberg–Markgröningen–Großbottwar, sodass mit der Nordausdehnung Württembergs sehr viele Franken zu Württembergern wurden und nun vor allem an der wichtigen

Verkehrsader Stuttgart–Heilbronn ein reger Sprachaustausch stattfand.

Kurz und gut: Wer ein echtes Schwäbisch hören will, sollte einen großen Bogen um Stuttgart machen und sich lieber in Rottenburg oder Rottweil, in Ulm oder Biberach, in Burgau oder Memmingen umhören. Das Unglück will es ja, dass die andere schwäbische Hauptstadt, nämlich Augsburg, auch zu nahe an einer Sprachgrenze liegt, nämlich der bayrischen, und zudem weniger als eine Bahnstunde von München entfernt, sodass auch dort wenig reines Schwäbisch zu hören ist. Und das dritte und älteste Zentrum, nämlich Konstanz, dessen Diözese einmal fast ganz Schwaben umfasste, liegt an der Schweizer Grenze und zudem im niederalemannischen Sprachgebiet. So geht es also den Schwaben ähnlich wie den Deutschen insgesamt, deren erste Hauptstadt (Prag) jetzt in der Tschechei liegt, die zweite (Wien) in Österreich und die dritte, Gott sei's geklagt, sogar in Preußen!

Grammatik I (Konjugation)

Schwaben sind sparsame Leute, die nicht nur mit ihrem Geld haushalten, sondern auch mit ihren sprachlichen Mitteln. Während andere fünf oder gar sechs Tempora brauchen, nämlich Präsens, Präteritum, Perfekt, Plusquamperfekt, Futur I und II, kommen die Schwaben spielend mit zweien aus, nämlich mit Präsens und Perfekt. Das eine umgreift nicht nur Gegenwart und Zukunft, sondern kann als Präsens historicum auch als Erzählzeit gebraucht werden; das andere bezieht sich auf alles, was hinter einem liegt, also die ganze Vergangenheit bis zu Adam und Eva. Schließlich ist es ja doch gleichgültig, ob etwas zehn oder tausend Jahre zurückliegt: Futsch ist futsch und hin ist hin!

Das Präteritum, das ja sonst häufig gebraucht wird, ist den Schwaben entschieden zu hektisch. Niemals würde einer von ihnen erzählen: »Als wir da spät am Abend nach Hause kamen, sahen wir mit Schrecken, dass unsere Haustür aufgebrochen war und in der Wohnung das Licht brannte. Und ich dachte zuerst: Die Verbrecher werden doch nicht etwa noch in der Wohnung sein! ...« Ein Oberschwabe würde dasselbe etwa so schildern: »Wie mir då räecht spät hőēkommet, sehet mir auf oimål, dass wirklich d' Haustir aufbrocha ischt und in der Wohnung sogar 's Liecht brennt. Herrgott nomål, denk' ih, die Hund werret doch it noh då dinna sãē! ...« Wie man sieht, braucht man nicht unbedingt ein Präteritum (oder Imperfekt, wie man früher gesagt hat); das Präsens historicum tut's auch.

Erzählt man im Präsens, erspart man sich zudem den Umstand mit dem Plusquamperfekt, denn die Vorzeitigkeit lässt sich nun ganz ungezwungen durch das Perfekt ausdrücken: »Kaum bĭ-n-ih aufgstandɑ, kommt schõ mãẽ Weib drher und sait: Gang zue, 's pressiert!« (Im Unterland würde sie »Mach nåre!« sagen.) Verwendet man jedoch in der Erzählung das Perfekt, wird für die Vorzeitigkeit statt des Plusquamperfekts ein doppeltes Perfekt verwendet: »Ih hon-em-s doch gsait ghett, aber der Bachl håt's vergäessɑ.« Also: Ich hab's ihm gesagt gehabt! statt: Ich hatte es ihm gesagt. Wenn's nötig ist, wissen sich die Schwaben also schon zu helfen, aber so genau will man vieles ja gar nicht wissen. Im Normalfall kommt man also mit Präsens und Perfekt aus.

Es gibt nur eine einzige Ausnahme: Das Präteritum des Verbs »sein« wird auch im Schwäbischen verwendet: »I war bloß gschwind beim Nåchber« oder »Wo waret-er denn so lang?« Dagegen ist das Präteritum »hatte« ganz unüblich. »Ich hatt' einen Kameraden« von Uhland ist nicht schwäbisch, sondern schriftdeutsch.

Eine weitere Vereinfachung auf dem Gebiet der Konjugation stellt der Einheitsplural dar. Statt »wir kommen/ihr kommt/sie kommen« heißt es »mir/ihr/se kommet«. Der Grund ist folgender: Im Mhd. hieß es noch: Wir komen/ir komet/si koment. Da nun im Schwäbischen allgemein die Tendenz zur Nasalierung vorherrscht, ergibt sich: komɑ/komet/komɑt, woraus sich schließlich die einheitliche Endung -et oder, genauer gesagt, -ɑt entwickelt; denn eigentlich ist der Vokal kein geschlossenes e, sondern eher ein Schwalaut. Um die Dinge nicht unnötig zu komplizieren, wird im Folgenden trotzdem »kommet« geschrieben!

Eine Vereinheitlichung nicht der Endungen, sondern des Stammvokals zeigt sich im Singular Präsens der starken Verben, die den Stammvokal e aufweisen wie: werfen, helfen, sterben, nehmen, brechen, stechen, treffen u. Ä. Hier heißt es nicht wie

| **schriftdeutsch:** | ich werfe, du wirfst, er wirft, |
| **sondern:** | ih wirf, du wirfscht, er wirft. |

Als Stammvokal erscheint also auch in der 1. Person ein i. Das ist nicht so falsch, wie mancher denkt; denn diese Verben gehören im Ahd. entweder zur Klasse IIIb oder Klasse IV.

Klasse IIIb:	werfan, wirfu; warf, wurfum; giworfan
Klasse IV:	stelan, stilu; stal, stalum; gistolan

Das schwäbische »ih wirf« entspricht also genau dem ahd. »wirfu« (ich werfe), das »ih stihl« dem ahd. »stilu« (ich stehle). Das hat zusätzlich den Vorteil, dass dadurch das i des Imperativs stabilisiert wird. Als zum 40. Jahrestag der DDR Gorbatschow dort zu Besuch weilte, riefen Demonstranten: »Gorbi, helf uns!« Diesen Fehler würden Schwaben nicht machen, denn sie wissen aufgrund ihres Dialekts, dass es »hilf!« heißen muss.

Wer nun also denkt, das Schwäbische verfüge ähnlich wie das Englische über eine vereinfachte Konjugation, täuscht sich aber doch und sieht über die Schwierigkeiten hinweg, die gerade bei den gängigsten Verben auftreten. Weniger zur Information der Schwaben, die das alles wissen müssten, als vielmehr als Hilfsmittel für jene, die das Schwäbische erst noch kennen lernen wollen, seien hier die Paradigmen für einige häufige Verben dargestellt.

- **sãẽ (sein):** ih bĩ (beziehungsweise bẽ), du bischt, er ischt; mir/ihr/se sind (beziehungsweise send); Part. Perf. gsãẽ oder gwäa, hon.schw. auch gwäsɑ;
- **hãõ (haben):** ih hãõ (beziehungsweise hon oder han), du håscht, er håt; mir/ihr/se hond (beziehungsweise hend); Part. Perf. ghett;
- **stãõ/standɑ (stehen):** ih stand, du stååscht, er ståårt; mir/ihr/se stond (beziehungsweise standet); Part. Perf. gstandɑ;
- **gãõ/gangɑ (gehen):** ih gang, du gååscht, er gåår; mir/ihr/se gond (beziehungsweise ganget); Part. Perf. gangɑ;

- **lãõ/låssa (lassen):** ih låss, du lååscht, er låst; mir/ihr/se lond (beziehungsweise låsset); Part. Perf. lãõ oder låssa;
- **tua/dua (tun):** ih dua, du duascht, er duat; mir/ihr/se dont; Part. Perf. tua/dua oder dõa;
- **wella (wollen):** ih will, du witt, er will; mir/ihr/se wellet; Part. Perf. wella.

Das dürfte manchen spanisch vorkommen, aber es ist kein Spanisch, sondern Althochdeutsch. Schon aus den ältesten Quellen in deutscher Sprache seit dem 8. Jahrhundert geht hervor, dass das Schwäbische gan und stan schreibt, wo im Bairischen und Fränkischen gen und sten auftreten. (Eigentlich wären die a und e zum Zeichen der Länge mit einem Balken zu schreiben.) Beides sind alte mi-Stämme, die eigentlich endungslos sind und fälschlicherweise jetzt geh-en, steh-en geschrieben werden, als wären sie ganz gewöhnliche Verben. Jedoch gibt es schon im Ahd. die erweiterten Formen gangan und stantan, die nun im Schwäbischen ebenso erhalten sind wie die Grundformen. Darum steht nun ganga neben gãõ und standa neben stãõ!

Das Präsens von gan lautet im Ahd.: gam, gast, gat, gamas, gat, gant. Im Schwäbischen ist nun die 1. Person Singular an den Stamm gang- angeglichen, der Plural nach der 3. Person vereinheitlicht; das ist alles. (Das Verb stan geht parallel dazu.)

Ebenso altertümlich ist wellen, das im Schwäbischen noch genauso gesprochen wird wie im Ahd.; die Formen mit o sind fränkischen Ursprungs und etwas jünger. Die Konjugation folgt zum Teil dem ahd. Schema »wilu, wili, wili; wellem, wellet, wellent«, zum Teil dem mhd. »wil, wilt, wil; Pl. wellen«. Die 2. Person Singular »witt« ist aus »wilt« hervorgegangen, der Plural »wellet« (eigentlich: wellat) aus »wellent«.

Beim Verb haben verhält es sich umgekehrt wie bei stan und gan, denn hier ist die volle Form älter als die Kurzform hän. Im Mhd. zeigt sich aber: »Von haben werden die vollen Formen häufiger in der Bedeutung ›halten‹ gebraucht, die verkürzten mehr in der Verwendung des Hilfsverbs« (Paul/Mitzka: Mittelhochdeutsche Grammatik). Das Schwäbische folgt im Wesentlichen diesem Schema, nur ist für »haben« in der Bedeutung von »halten« das Verb »heben« eingetreten. (Doch davon später!)

Als eine der Kennformen des Schwäbischen gilt »gsait« für »gesagt«. Sie ist durch Vokalisierung des g zwischen zwei Vokalen entstanden (ahd. gisaget). Das gilt aber nicht nur für das Partizip Perfekt, sondern auch für die 2. und 3. Person Singular:

saga (sagen): ih sag, du saischt, er sait; mir/ihr/se saget; Part. Perf. gsait.

Nach demselben Schema gehen tragen, liegen und gehen, allerdings nur im Präsens:

traga (tragen): ih trag, du traischt, er trait; mir/ihr/se traget;
liga (liegen): ih lig, du leischt, er leit; mir/ihr/se liget;
gäeba (geben): ih gib, du geischt, er geit; mir/ihr/se gäebet.

Die zugehörigen Partizipien lauten: traga, gläega, gäeba.

An solchen Beispielen erkennt man, dass häufig die Vorsilbe ge- verschwindet. Der Grund liegt darin, dass das e dieser Silbe niemals gesprochen wird; es heißt also: gsää (gesehen), gheert (gehört), grocha (gerochen), gschmeckt, gmerkt usw. Wo nun aber das g gegen einen andern Verschlusslaut stößt, verschmilzt es entweder mit diesem (wenn es sich um einen Guttural handelt: g'komma > komma) oder verschwindet, weil es kaum auszusprechen ist: g'traga > traga. Es heißt also:

i bĭ ganga, komma, aber: gstanda, gsäassa;

i hāõ/hon traga, packt, kochet, gäessa, gossa; aber: gschafft, gschbielt (gespült), graocht (geraucht), gsunga, glaobt usw.

Man muss sich als Fremder nur merken, dass die Vorsilbe ge-ohne e gesprochen wird; der Rest ergibt sich eigentlich zwangsläufig.

Vom Rhythmus des Schwäbischen

Das Schwäbische legt im Allgemeinen einen so starken Ton auf die Stammsilbe, dass die Vorsilbe oft verschwindet. Das betrifft nicht nur die Vorsilbe ge- (wie soeben dargestellt, sondern auch be- und zu-. Es heißt also nicht »bestellt«, sondern »bstellt«, nicht »besonders«, sondern »bsonders«, ebenso »bhäb«, das wohl mit »behäb(ig)« zusammenhängt, aber soviel wie eng oder im übertragenen Sinn auch geizig bedeutet. Ebenso sagt man nicht »zuwider«, sondern »zwider«, nicht »zufrieden«, sondern »zfridα« usw. Auch beim Ortsadverb »ze« in Ortsangaben wie »z' Ulm« oder »z' Aogschburg« fällt das e immer weg, was dann zu so zungenbrecherischen Ausdrücken wie »z' Zwifaltα« oder »z' Zieglbach« führt.

Die Folge davon ist, dass man in vielen Fällen, wo im Norddeutschen der Jambus (unbetont – betont) vorherrscht, hier einen Trochäus (betont – unbetont) antrifft. Norddeutsche sagen: »Ich bin gekómm«, rhythmisieren also v –/ v –//, Schwaben dagegen: »I bĭ kommα«, rhythmisieren also eher – v/ – v//. (Der Strich bedeutet hier Länge, das v Kürze.) Das hat nun seine Auswirkungen auf die ganze Sprechweise. Im Schwäbischen klingt fast immer eine Silbe nach: »Du håscht me jå it gfråget«, also v/ – v/ – v/ – v//, in der Standardsprache: »Du hast mich ja nicht gefragt«, also v/ – v v / – v/ – ^//. Hier verwendet zwar auch die Standardsprache Trochäus beziehungsweise Daktylus, aber der Schluss der Phrase ist entschieden härter: »gefrágt«; das schwäbische »gfråget« ist weicher, geschmeidiger.

Stellt man schwäbische und schriftdeutsche Sätze (in norddeutscher Aussprache) einander gegenüber, wird man in den meisten Fällen bemerken, dass sie verschiedene Rhythmen aufweisen. Natürlich darf man bei Prosatexten keinen Versrhythmus erwarten, aber auch sie sind rhythmisch gegliedert. Ein Norddeutscher würde beispielsweise sagen: »Ich bin so müde; ich glaube, ich habe heute zu viel geschwomm'.« Das ergibt: v – v – v/ v – v/ v – v – v v – v –//. Auf schwäbisch hieße das etwa: »Ih bī so mied; ih mōē, ih bī heit zvil gschwommα.« Das ergibt: v – v –/ v –/ v – v v – v//. Es fällt dabei auf, dass die schwäbische Version deutlich kürzer ist (zwölf statt 17 Silben) und dass sie mit einer unbetonten Silbe endet, was sie weicher ausklingen lässt. (Wäre es gereimt, würde man von einem schwachen oder weiblichen Reim reden.)

»Wenn Se nich wolln, lassn Se 's eem bleim!« ergibt: – v v –/ – (v) v – –//.

»Wenn Se it wellet, lond Se 's halt bleibα!« ergibt: – v v – v/ – v v – v//. Hier sind beide Sätze zwar etwa gleich lang, aber der schwäbische klingt völlig anders, vor allem weil die beiden Halbsätze rhythmisch identisch sind (wie zwei Gedichtverse). Setzt man statt »lond« oder »lend« das hon.schw. »lasset«, ist die sprachliche Delikatesse freilich sogleich verwässert.

Untersucht man typisch schwäbische Gedichte, findet man die Annahme, das Schwäbische bevorzuge den Trochäus beziehungsweise Daktylus (lang – kurz – kurz), meist bestätigt.

»Auf em Wase graset d' Hase ...« ist trochäisch: – v/ – v/ – v/ – v//, ebenso »Hoppe, hoppe, Rössle ...« oder »'s leit a Klötzle Blei / Bei Blaubeura glei ...« In Mörikes »Stuttgarter Hutzelmännlein«, einem Glanzstück typisch schwäbischer Literatur, finden sich die hübschen Kinderreime:

»Scherαschleifer wetz, wetz, wetz,
Lass dei' Rädle schnurrα!
Stuαgart ist α grauße Stadt,
Lauft α Gäⁿnsbach durα.«

(Das ist Mörikes Schreibung.) Wieder Trochäen, was sonst! Die schriftdeutsche Strophe »Wir haben die ferndigen Lieder gesungen ...« kommt dagegen daktylisch daher.

Man soll nun nicht übertreiben und gleich behaupten, das sei ein Gesetz, aber ein wenig merkwürdig ist es schon. Und es hängt ohne Zweifel mit der schwäbischen Neigung zusammen, manche Vorsilben zu kürzen, an Endsilben hingegen festzuhalten: läeba (nicht: leem oder lebn), gäeba (nicht: geem oder gebn), gfråget (nicht: gefragt), danzet (nicht: getanzt) usw. – Etz saget bloß, was mõẽnet-er då dazue!

Der schwäbische Konjunktiv
und andere Feinheiten

Der Verlust des Präteritums legt eigentlich den Schluss nahe, es gebe im Schwäbischen keinen Konjunktiv II, aber das ist ein Trugschluss. Im Gegensatz zu vielen Norddeutschen, die kaum noch einen Konjunktiv gebrauchen, wird der Potentialis (die Möglichkeitsform) bei den Schwaben durch den Konjunktiv I zum Ausdruck gebracht, der Irrealis (die Form der Nicht-Wirklichkeit) durch den Konjunktiv II. Man unterscheidet also:

»Er sait, er sei krank« (Potentialis) und

»Er mõēt, er wär krank« (Irrealis).

Dass die Unterscheidung der beiden Konjunktive sogar besser als in der Schriftsprache durchgehalten werden kann, dafür sorgt der typisch schwäbische Konjunktiv von »haben«:

ih häb, du häbescht, er häb; mir/ihr/se häbet.

Man sagt also: »Ih mõē, ih häb-em-s gsait« (nicht: ih hett). Dagegen heißt es im Irrealis: »Dees hett-r mir ao saga kenna, der Simpl!« »Ih häb« und »ih hett« bedeuten also nicht dasselbe, und das hat weitreichende Konsequenzen: Da ja das Hilfsverb »haben« sehr viel häufiger gebraucht wird als »sein«, bleibt so das Bewusstsein wach, dass es ja zwei Konjunktive mit unterschiedlicher Bedeutung gibt. Vielleicht sind einige Schwaben deshalb so bedeutende Philosophen geworden, weil ihnen durch die Sprache die Differenz zwischen Wirklichkeit, Möglichkeit und Nicht-Wirklichkeit immer bewusst gewesen ist.

Bei den Vollverben ist die Unterscheidung der beiden Konjunktive freilich sehr eingeschränkt, wie in der Schriftsprache ja auch. Hier gibt es den Konjunktiv I nur in der 3. Person Singular, wo die Form »er gehe« dem Indikativ »er geht« gegenübersteht; in allen übrigen Fällen existiert praktisch kein Konjunktiv I. Im Schwäbischen verwendet man durchgehend nur den Konjunktiv II:

»Ih sag-em schõ lang, er sott amål zom Doktr gãõ« (... er sollte, statt: er solle ...) oder

»Er kennt schõ, wenn-er wett« (Er könnte schon, wenn er wollte).

Wie man sieht, sind die Formen unter Umständen deutlich anders als die schriftsprachlichen, und zwar aus unterschiedlichen Gründen: »Er kennt« ist durch Entrundung entstanden (er könnt'), »er wett« jedoch vom alten Stamm well- abgeleitet (er well-te). Ähnliches gilt von »ih keem« (ich käme), das nicht entrundet ist, sondern auf ahd. queman zurückgeht. »Ih sott« (ich sollte) ist dagegen durch Angleichung von l an t entstanden. Meist aber entsprechen die schwäbischen Konjunktive den schriftdeutschen:

»Ih ging jetz gern hõẽm, wenn-s räecht wär.«

»Wenn-s noo no a Weile so bliib (oder: bleiba dät), wia-s grad ischt!« (Wenn es nur noch ...)

Ziemlich häufig wird der Konjunktiv umschrieben, jedoch nicht mit »würde«, wie es sonst üblich ist, sondern mit »täte«: »Ih dät-em jå helfa, wenn-er sich bloß helfa lãõ dät!« oder »Dätescht du-s eam saga? Ih trau me net.« Auf diese Weise vermeidet man doch wenigstens das grässliche »werden würde«, das andere Leute manchmal von sich geben: »Er weiß nicht, was aus ihm werden würde, wenn er seine Frau nicht mehr hätte.« Auf schwäbisch hieße das: »Er woiß et, was aus-em werra dät, wenn-r sãẽ Weib nemme hett.«

Jedenfalls sind sich die meisten Schwaben grundsätzlich darüber klar, dass ein Konjunktiv nicht durch einen Indikativ ersetzt werden kann. Ein Satz wie »Du siehst ja aus, als ob du krank bist«, wie ich ihn öfters von einer Kollegin aus Oldenburg zu hören bekam, käme ihnen kaum über die Lippen. Zudem versteigen sie sich auch nicht zu solchen Phrasen wie »Ich möchte meinen wollen, dass wir mit dem Ergebnis zufrieden sein können«. Das heißt schlicht: »Ih mõẽ, dass dees ebbes worra ischt.«

Grammatik II (Deklination)

Die Deklination ist ohne Zweifel einer der Schwachpunkte der schwäbischen Sprache. Auf diesem Gebiet machen sich's die Leute hierzulande wirklich sehr einfach: Sie ersetzen den letzten Fall, der im Neuhochdeutschen durchgängig eigene Formen aufweist, nämlich den Genitiv, bedenkenlos durch den Dativ: »Dees isch 's Haus võ mäẽm Vattr.« Die korrekte Formulierung »das Haus meines Vaters« ist so gut wie unbekannt. Hier gilt auch die These des Buchtitels: »Der Dativ ist dem Genitiv sein Tod«.

Man kann übrigens die Stellen, an denen der Einbruch des Dativs in die Domäne des Genitivs erfolgt sein muss, klar erkennen: Es sind die Verben des Gebens und Nehmens mit ihrem doppelten Objekt. »Er hat meinem Bruder seine Uhr gestohlen« (mit Dativ- und Akkusativobjekt) ist grundsätzlich genauso gut möglich wie »Er hat die Uhr meines Bruders gestohlen«. Analog dazu kann man auch sagen: »Der håt säẽm Nåchber säẽ Haus äzundα« (angezündet). Je häufiger dergleichen Formulierungen gebraucht werden, desto schneller schreitet die Erosion des Genitivs voran.

Auf einem anderen Gebiet, nämlich bei der schwachen Deklination, sind die Schwaben etwas genauer als viele andere. Dass es »der Mensch, des Menschen, dem Menschen, den Menschen« heißt, ist ihnen klar, auch wenn sie den Genitiv gewöhnlich nicht gebrauchen. Selbst schlechte schwäbische Schüler kommen kaum auf den Gedanken zu schreiben: »Ich habe keinen Mensch gesehen«, denn im Dialekt heißt es ja auch: »Ih hãõ kõẽn Menschα gsäe.« Er schreibt auch nicht wie neuerdings mancher Journalist: »Die ganze Umgebung gehörte einmal dem Fürst von Waldburg«, weil ihm klar ist: »Dees då hãnα rum håt αmål em Firschtα võ Waldburg gheert.« Ebenso dürfte den meisten Schwaben klar sein, dass eine Frauenkirche keine Kirche der Frauen, sondern »Unserer lieben Frauen Kirche«, also eine Marienkirche ist.

Für Fremde schwierig, zumindest schwer verständlich ist manchmal die Deklination der Adjektive und Pronomina. »An einem schönen Tag« lautet: »an-αmα scheenα Dag«, »eines schönen Tages« jedoch »αmα scheenα Dag«. Dass der Dativ »einem« als »eime(n)« erscheint, geht aufs Mittelhochdeutsche zurück. Walther von der Vogelweide schreibt in einem berühmten Gedicht: »Ich saz uf eime steine ...« Hier ist einfach das Dativ-m vorgezogen. Dass »schönen« als »scheenα« gesprochen wird, ergibt sich lautgesetzlich aus der Entrundung des ö und der leichten Nasalierung der Endung -en (die immer als Schwalaut gesprochen wird).

Grundsätzlich weicht die Deklination der Adjektive kaum von der Hochsprache ab. Es heißt:

der alte Mããã	ã alter Mããã,
die alt Frao	ã alte Frao,
des alte Haus	ã alts Haus.

Ein wenig komplizierter wird es nur im Dativ und Akkusativ mit unbestimmtem Artikel:

Dativ	**Akkusativ**
ãmα altα Mããã	an altα Mããã
ãnαrα altα Frao	ã alte Frao
ãmα altα Haus	ã alts Haus.

Zu beachten wäre zudem, dass sich der unbestimmte Artikel grundsätzlich vom Zahlwort »ein« unterscheidet. Da heißt es nämlich: õẽ(n) alter Mããã, õẽ alte Frao, õẽ alts Haus.

Der Plural von Mää kann sowohl Menner als auch Manna lauten, daneben gibt es aber vor allem in Oberschwaben Mannsbilder und im Allgäu Mannsnama. Statt »Frau« gebrauchen die Schwaben normalerweise »Weib«, was keineswegs abwertend gemeint ist. »Mäē Weib« ist völlig synonym mit dem englischen »my wife«, weshalb auch der Plural Weiber ohne Nebenbedeutung verwendet werden kann. Wenn ein Franke nach seiner Frau ruft, lautet das: »Fraa, kumm doch!«, beim Schwaben dagegen: »Weib, gang her!« Wer darin eine Unfreundlichkeit sieht, hat nichts verstanden.

Der Plural von »Kind« kann »Kinder« sein, im Oberland dagegen (wie im Mhd.) »Kind«. Hier sagt man etwa: »Se hond drei Kind«, während dieselbe Aussage in Stuttgart hieße: »Se hend drei Kender.« Das rührt daher, dass man im Oberland insgesamt etwas konservativer ist als im Unterland, was vielleicht auch mit dem Katholizismus zu tun hat.

»Vieh« wird wie in der Schriftsprache als Kollektivsingular verwendet und ohne Diphthong gesprochen (Vih), »Viicher« dagegen ist Plural von »Viich«. Im Allgemeinen wird damit nur das Großvieh bezeichnet; das Kleinvieh heißt »Zifer« (wie Ungeziefer, nur ohne Negation), ebenfalls ein Kollektivsingular. – Wenn wir schon dabei sind, muss noch »das Glump« erwähnt werden, zusammengezogen aus »Gelump«, wie »Gleis« aus »Geleise«. Warum die 68er geschrieben haben: »Alles in Klump schlagen!«, bleibt ihr Geheimnis. Vermutlich hatten sie von der Volkssprache soviel Ahnung wie ein Ochs von einer Apotheke. Sie waren ja auch meist Studenten.

Für die Fremden auffällig mag die Tatsache sein, dass »Butter« im Schwäbischen maskulin ist: »der Buttr«. Das ist nicht falsch, sondern oberdeutsch; es ist ja auch gar nicht einzusehen, warum das griech. »boutyron«, ital. »il burro«, auf Deutsch feminin sein sollte. Die Erklärung dafür ist: Das Niedersächsische gebraucht wie das Englische nur *ein* Genus, nämlich das Femi-

nin (de beziehungsweise the). »Die Butter« ist also wohl nie-
derdeutsch, ebenso »die Ecke« (schwäb. das Eck), »die Tenne«
(schwäb. der Tennen), auch »die Bank« (schwäb. ursprünglich
der Bank, woraus ital. il banco geworden ist).

Bei den Personalpronomina ist auf eine Besonderheit zu
achten: Es gibt meist eine betonte und eine unbetonte Form, die
deutlich voneinander verschieden sind. Man sagt beispielsweise: »Ih verwisch de schõ noh!« (Ich erwische dich schon noch!),
aber: »Wenn-e dih verwisch!« (Wenn ich dich erwische!) Ähnlich heißt es: »Mõẽscht mih?« (Meinst du mich?), aber »Ih erin-
ner me nemme« (Ich erinnere mich nicht mehr). Die betonten
Formen werden also mit langem i gebildet, die unbetonten mit
kurzem e. So ergibt sich etwa dieses Schema:

		betont	**unbetont**
1. Pers.		ih/–/mir/mih	-e/–/mer/me
2. Pers.		du/–/dir/dih	dα/–/der/de
3. Pers.	**mask.**	er/–/ihm/ihn	-r/–/-αm/-αn
	fem.	sui/–/irα/sui	se/–/αrα/se
	neutr.	dees/–/deam/dees	-s/–/-αm/-s

Beispiele: »Dih wenn-e nomål beim Abschreiba sih!« (Wenn
ich dich noch einmal beim Abschreiben sehe!) »Ih hon de doch
geschtern uffem Markt troffα!« – »Ih sag's-em glei.« – »Ih hon-
αrα's doch glei ãgsäe.« – »Dees ischt mer wurscht!« Im Unterland
hört man die Redensart: »Er wär schãõ räecht, abr sui, sui ischt
α Lombamensch.« (Er wäre schon recht, aber sie, sie ist ein Lum-
penmensch.) Im umgekehrten Fall müsste es wohl heißen: »Sui
wär schãõ räecht, abr er, er ischt an Sauhond!« (Merkwürdigerweise ist die zweite Version nicht sprichwörtlich.)

Missverständnisse

Es ist schon einige Jahrzehnte her, da geschah in einer Gärtnerei in Stuttgart Folgendes: Man baute ein neues Gewächshaus, und da der Heizungsmonteur allein gekommen war, stellte man ihm zwei Gärtnergehilfen zur Seite, welche die Rohre zu halten hatten, während er schweißte. Einer von den beiden war nun ein Märker, also ein Mann aus der Mark Brandenburg, der, obwohl er seit Jahren in Stuttgart lebte, immer noch kein Schwäbisch verstand.

Wie nun der Monteur am Schweißen war, wurde der Märker am Ende des schweren Heizungsrohres allmählich müde und ließ es ein wenig sinken. »Heb!«, rief der Monteur, und der Gehilfe begann, das Rohr ein wenig anzuheben. »Heb doch!«, rief nun der Monteur, schon ein wenig ärgerlicher. Da drückte der Märker das Rohr mit aller Kraft in die Höhe, und der Monteur schrie fast verzweifelt auf: »Herrgott nomål, heba sollscht, net lupfa!«

Es ist leicht zu erklären, woher dieses Missverständnis kam: »Heben« bedeutet im Schwäbischen soviel wie »halten, festhalten«, wogegen das, was schriftsprachlich »heben« heißt, durch »lupfen« ausgedrückt wird. Es ergibt sich also folgendes Schema:

Schriftdeutsch halten heben
Schwäbisch   heben lupfen

Schon an diesem einfachen Beispiel erkennt man, dass von solchen Bedeutungsverschiebungen gleich mehrere Wörter betroffen sind, denn sobald das eine seine Bedeutung verändert, muss ein anderes dafür eintreten. Das bekannteste Beispiel dieser Art bietet das Wortfeld »gehen«:

| **Schriftdeutsch** | gehen | laufen | springen | |
| **Schwäbisch** | laufen | springen | hüpfen (hopfa) | |

Ersetzt man den Stuttgarter Dialekt durch das Oberschwäbische, wird die Reihe länger:

| **Schriftdeutsch** | gehen | laufen | springen | jucken |
| **Schwäbisch** | laufen | springen | jucken | beißen (unpers.) |

So ergeben sich genügend Gelegenheiten zu hübschen Missverständnissen.

Aber nicht nur die Norddeutschen verstehen bisweilen die Schwaben nicht, sondern auch umgekehrt. Wenn sich ein Norddeutscher mitten in der guten Stube eines Schwaben niederbückt und erklärt: »Mir is was aufe Eade gefalln«, so denkt der Schwabe womöglich: »Bei mir ist's doch gar nicht so dreckig!« Ein Schwabe hat nämlich keine Erde im Zimmer, sondern einen Boden; da kann etwas allenfalls auf den Boden fallen. Aber wenn ein Norddeutscher »Boden« sagt, meint er vielleicht den Dachboden, der auf schwäbisch als »Bühne« bezeichnet wird. So wird also der nord-süddeutsche Dialog immer wieder einmal Kopfschütteln hervorrufen.

Wenn ein Norddeutscher erklärt: »Ich habe damals vor Gericht gestanden«, wird ein Schwabe annehmen, jener habe ein Geständnis abgelegt; denn das Perfekt von »stehen« lautet »ich bin gestanden«. Norddeutsche aber wollen partout nicht einsehen, dass es hier um zwei verschiedene Paradigmen geht:

1. ich stehe   ich stand   ich bin gestanden
2. ich gestehe   ich gestand   ich habe gestanden

Sie sagen auch »ich habe gesessen«, was ein Süddeutscher allenfalls als Andeutung nimmt, dass der Mensch im Gefängnis gewesen sei.

Zur Klarstellung: Verben, die sich auf die eigene Körperhaltung beziehen, werden im Schwäbischen wie allgemein im Oberdeutschen mit »sein« konstruiert. Es heißt also nicht allein »ich bin gewesen«, sondern auch »ich bin gestanden/gesessen/gelegen/gehangen/geklettert/gefallen« u. Ä. Das hat seine innere Logik: Wenn ich stehe oder sitze oder liege, habe ich doch gar nichts zu tun, das heißt es gibt kein Objekt zu dieser Nicht-Handlung; ich bin nur in bestimmter Weise da. Also können solche Verben doch nur mit »sein« konstruiert werden. Wie aber kommen die Norddeutschen auf den falschen Dampfer?

Die Antwort darauf kann wieder einmal nur die leidige Sprachgeschichte geben. Eine der fünf Einzelsprachen, in die sich das Gemeingermanische aufgespalten hat, ist das Nordseegermanische (oder Ingwäonische). Zu den Eigenheiten dieser Sprache gehört, dass sie das Nebeneinander der beiden Hilfsverben »sein« und »haben« zugunsten des zweiten aufgegeben hat. Im Englischen führt das dazu, dass es sogar heißt: »I have been«, ich habe gewesen! Im Niederdeutschen geht es zwar nicht so weit, aber auch hier ist die Tendenz deutlich, »sein« als Hilfsverb beim Perfekt zu umgehen. Wie wäre es sonst möglich, dass jemand sagt: »Ich habe mich erschrocken«? Als ob man sich selbst erschrecken könnte! Auf schwäbisch wie auf hochdeutsch kann es nur heißen: »Ih bī verschrockα« beziehungsweise »Ich bin erschrocken«.

Da dürften sich die Schwaben wirklich nicht immer wieder von den allzu selbstbewussten Norddeutschen ins Bockshorn jagen lassen. Wenn diese ein hoch-niederdeutsches Kauderwelsch bevorzugen, ist das ihre Sache, aber die Schwaben sollten, gestützt auf ihre uralte Sprache, die Fahne des Hochdeutschen hochhalten und (frei nach Luther) erklären: »Hier steh' ich; ich kann nicht anders. Ich bin hier nämlich schon immer gestanden!«

Raum und Zeit

Als ich mich einmal mit einem Freund aus Niedersachsen verabreden wollte, sagte ich: »Ich denke, so um viertel zehn reicht's noch.« Da fragte er: »Viertel vor oder viertel nach zehn?« – »Weder noch!«, antwortete ich. »Na, was nun?«, fragte er ungeduldig, und ich musste ihm umständlich erklären, dass und warum viertel zehn gleich viertel nach neun sei.

Im Schwäbischen rechnet man nicht bald vor und bald zurück, sondern grundsätzlich vorwärts: viertel, halb, drei viertel, ganz. Schon ganz kleine Kinder lernen da das Merksprüchlein:

>*Viertel, halber, drei viertel, ganz,*
>*Ührlein, Ührlein, dreh dein' Schwanz,*
>*Sag mir, wie viel Uhr es ist,*
>*Aber lüge nicht!«*

Es mag ja kindisch erscheinen, ist aber wenigstens konsequent.

Im Schwäbischen gibt es traditionell auch kein »Wochenende«; man wünscht sich vielmehr am Samstag »an scheena Sonntig«, weil ja der Sonntag nicht das Ende, sondern den Anfang der Woche darstellt. Wenn es nicht so wäre, wie käme da der Mittwoch zu seinem Namen! In Oberschwaben lauten die Namen der Wochentage: Sonntig, Mētig, Zāēschtig, Migda, Donnschtig, Freitig, Samschtig. In anderen Gegenden gilt zum Beispiel statt dem altertümlichen Zāēschtig (nach dem germanischen Gott Ziu) Dīschdig, in Stuttgart natürlich Dinschdag.

Nach alter Tradition wird der Tag nur in Morgen, Mittag und Abend unterteilt; Vor- und Nachmittag existieren im Schwäbischen nicht. Darum geht der Morgen bis gegen Mittag und dieser bis gegen Abend. Man muss also auch mit »morgens om zehne« oder »mittags om drui« rechnen. Im württembergischen Allgäu heißt es statt »morgen früh« »mon-amorga« (aus morn-am-Morgen), aber das hört man nur noch selten. Mit »gueta Morga!« begrüßt man sich nur direkt nach dem Aufstehen, und »guet Nacht!« wüscht man sich nur vor dem Schlafengehen. Dazwischen gibt es weder »Guten Tag!« noch »Guten Abend!«, sondern durchweg »Grieß Gott!«, zum Abschied »adee« (gewöhnlich »ade« geschrieben) oder in Ober- und Bayrisch Schwaben »Pfie Gott!« (Behüt Gott), im Allgäu auch oft »Pfiet-de!« (Behüt dich). Die Jugend ist inzwischen freilich dazu übergegangen, den üblichen Sprachbrei auszuspucken: Tschüss!, Tschühüs!, Tschissle! oder Tschao! (ital. ciao!).

Schwieriger als die Zeit, die ja nur eine Dimension hat, sind der Raum mit seinen drei Dimensionen und die vielerlei Richtungen in ihm zu beschreiben. Da hat nicht nur das Schwäbische, sondern das Oberdeutsche allgemein ein kompliziertes, aber rational durchdachtes System entwickelt, das sowohl die Position des Sprechers als auch die des Angesprochenen und selbstverständlich den sie umgebenden Raum beschreibt. Die Basis des Systems ist der Gegensatz von Hier und Dort und der von Hin und Her. »Hiiba« und »diiba« beziehungsweise »heana« und »deana« (herüben und drüben), »hinna« und »dussa«, im Unterland auch »drussa« (herin und draußen), »rom/rum« und »nom/num« (herüber und hinüber), »rauf« und »nab« (herauf und hinab), beziehungsweise »nauf« und »rab« (hinauf und herab), »hintere« und »firre« (nach hinten und nach vorn) werden immer klar unterschieden, sodass man sich den Vorgang räumlich genau vorstellen kann.

Wer zu einem andern sagt: »Komm mit naus!«, lässt erkennen, dass er mit ihm zusammen in einem Innenraum steht, den er mit ihm zu verlassen gedenkt, schreit er dagegen wütend: »Naus mit dir!«, wirft er ihn hinaus, ohne selbst nachzufolgen. »Komm raus!« bedeutet dagegen, dass der Sprecher außerhalb eines umgrenzten Raumes (eines Hauses, Gartens u. Ä.) steht, der Angesprochene jedoch drinnen. Es wäre deshalb keinem schwäbischen Lehrer der alten Schule eingefallen, einen Schüler mit dem barschen Kommando »raus!« aus dem Klassenzimmer zu verweisen, hätte es doch bedeutet, dass der Lehrer selbst gar nicht im Raum gewesen wäre (was absurd ist).

Zur Klarstellung ein Schema:

Richtung zum Sprecher	Position des Sprechers	Richtung vom Sprecher weg
rum oder rom	då (hānɑ)	num oder nom (herüber – hinüber)
rãē	hinnɑ	naus (herein – hinaus)
raus	hussɑ	nāē (heraus – hinein)
rauf	hobɑ	nab (herauf – hinab)
rab oder ronder	hundɑ oder hondɑ	nauf (herunter – hinauf)
firre	då vornɑ	hintere (nach vorn ...)
hintere	då hintɑ	firre (nach hinten ...)

Die dem Sprecher entgegengesetzte Position (die einer angesprochenen Person oder eines anvisierten Gegenstandes) ist dagegen: dett (dort), dinnɑ (drinnen), dussɑ (draußen), dobɑ (droben) oder dundɑ (drunten), also immer durch anlautendes d gekennzeichnet. Nur bei »vornɑ« und »hindɑ« und den dazugehörigen Richtungsadverbien »firre« (fürhin!) und »hintere« (hinterhin) sind die Positionen nicht eindeutig und müssen u. U. durch »då« und »dett« (dort) ergänzt werden.

Für Norddeutsche und andere Ausländer scheint das wohl etwas kompliziert, dabei ist es im Grunde hopfenleicht: Ein h signalisiert die Position des Sprechers, ein d die des Angesprochenen, ein n die Richtung vom ersten zum zweiten, ein r die

Gegenrichtung. Darum ist ein Ausdruck wie »hier drüben« für schwäbische Ohren ganz widersprüchlich, weil nicht klar wird, ob das jetzt wirklich hier (beim Sprecher) oder dort (an einem anderen Standort) sein soll. Vollends chaotisch wird es, wenn ein Nordlicht signalisiert: »Bring mir den nächsten Karton nach hier drüben rüber!« Da fragt sich dann ein Schwabe schon, was wohl im Kopf eines solchen Menschen vorgeht. Warum in aller Welt sagt der Kerl nicht einfach: »Breng mer de nägscht Schachtl då rom!«?

Schwäbischer Satzbau (Grammatik III)

Vergleicht man verwandte Sprachen, wird man meist feststellen, dass sie in der Phonetik (der Lautgebung) am meisten voneinander abweichen; man denke an Französisch und Italienisch oder an Deutsch und Englisch. Auch beim Wortschatz werden deutliche Unterschiede zutage treten, beim Satzbau aber sind die Ähnlichkeiten am größten. Laute verändern sich eben leicht, Wörter können durch andere ersetzt werden, aber den ganzen Satzbau stellt man nicht so leicht um. So ist denn zu erwarten, dass zwischen der schwäbischen und der schriftdeutschen Syntax keine allzu großen Unterschiede auftreten sollten.

Dennoch meint man von Dialekten im Allgemeinen, dass sie mit einem einfacheren Satzbau auskämen als die Hochsprache. Deshalb ist kaum damit zu rechnen, dass sich im Schwäbischen Sätze wie bei Kant, Goethe oder Kleist fänden. (Unter uns gesagt: Wer redet denn überhaupt so?) Andrerseits sollte man nicht vermuten, dass hier immer nur in einfachen und möglichst kurzen Sätzen gesprochen würde. Perioden aus einem Haupt- und ein, zwei Nebensätzen sind durchaus üblich. Ein paar Beispiele dafür:

»Wenn-e gwisst hett, dass du so spät kommscht, hett-e net so bressiera braucha.« Diese kleine Periode besteht immerhin aus einem Konditional-, einem Objekt- und einem nachgestellten Hauptsatz mit Inversion und ist ebenso perfektes Deutsch, wie sie passables Schwäbisch ist.

»Wie-n-e ums Eck komm, sih-n-ih grad noh, wie die zwoi Kärra zammaschusslet.« (Als ich ums Eck komme, sehe ich gerade noch, wie die zwei Autos zusammenprallen.) Da haben wir: Temporalsatz, Hauptsatz und Objektsatz.

»Dees hett-e ao et dẽkt, dass du so an Drieler bischt ond de ganz Fasnet verschlåfscht.« (Das hätte ich auch nicht gedacht, dass du so ein Langweiler bist und die ganze Fastnacht verschläfst.) Das ist ein Hauptsatz mit zwei parallel geschalteten Objektsätzen.

»Ob dα 's glaobscht odr it, ih hãõ dees gnao gsäe, wie der Häge dean Baurα an d' Wand nãdruckt håt.« (Ob du es glaubst oder nicht, ich hab's genau gesehen, wie der Stier den Bauern an die Wand gedrückt hat.) Da haben wir einen Konzessivsatz, einen Haupt- und einen Objektsatz.

»Ih bsinn me nimme räecht, wie dees dåmåls gsãẽ ischt, abr ih mõẽ, dr Josef häb die Wiis bloß pachtet ghett, it kaoft.« (Ich erinnere mich nicht mehr genau, wie das damals gewesen ist, aber ich meine, Josef habe die Wiese nur gepachtet gehabt, nicht gekauft.): Hauptsatz, Objektsatz, 2. Hauptsatz, 2. Objektsatz.

»Was dees bedeitet, woiß ih noh net, abr ih werr's noh rausfendα.« (Was das bedeutet, weiß ich noch nicht, aber ich werde es noch herausfinden.) Das ist: Objektsatz und Satzreihe aus zwei Hauptsätzen.

Man hört aber nicht nur Temporal-, Konditional- und Objektsätze (die vielleicht die häufigsten sind), sondern ebenso gut Subjektsätze wie diesen:

»Wäer då ãgfangα håt, ischt mir egal; ihr krieget boide ã Ståfl!« Also: Subjektsatz, Hauptsatz; 2. Hauptsatz.

»Was d' Leit dα ganzα Dag schwätzet, ischt moischtens Bledsinn.« (Was die Leute den ganzen Tag reden, ist meist Blödsinn.) Also auch hier wieder Subjekt- mit Hauptsatz. – Es können aber auch längere Perioden vorkommen:

»Älles, was räecht ischt, aber wenn du so weitrmachscht, brauchscht-de net wonderα, dass älles bachhaglα zue gååt.« (... dass alles den Bach hinuntergeht.) Das ist: Satzfragment + Attributsatz, Konditional-, Haupt- und Objektsatz.

»Wie lang schwätz-e schö an de nää, aber du begreifscht dees scheint's nie, dass die Kerle emmer bloß ōës wellet, ond wenn se nå ihr Vergniega ghett hend, gugget se nemme nåch der nom.« Also zwei Hauptsätze (der 1. in Frageform), Objektsatz, Temporalsatz, abschließender Hauptsatz.

Sagen Sie nicht: Grammatik, nichts als Grammatik! Die war früher ein Steckenpferd schwäbischer Schulmeister, was, wenn sie auch im Unterricht schwäbisch sprachen, am Ende doch den Effekt hatte, dass ihre Schüler die hochdeutsche Schriftsprache erlernten. Wenn wir in der 3. und 4. Klasse morgens in die Schule kamen, brauchten wir uns nie zu fragen, womit unser Oberlehrer Mayer den Tag begänne, denn nach dem Morgengebet hieß es regelmäßig: »So, und jetz machet mir zerscht a bissle Sprachlehr!« Soweit ich weiß, hat das keinen umgebracht. Also weiter im Text!

Die Aussage: »Ich fange an, müde zu werden« würde auf schwäbisch lauten: »Ih werr afanga mied.« Da sind beide Verben auf beinahe groteske Weise vertauscht: Der Infinitv »werden« wird zur finiten Form »ih werr«, die finite Form »ich fange an« scheinbar zum Infinitiv »anfangen«. Aber das zweite beruht auf einer akustischen Täuschung: Das Wort »afánga« ist kein Verb, sondern ein Adverb. Das entsprechende Verb lautet »áfanga« (mit Betonung auf der 1. Silbe). Hier ist halt wieder einmal ein feines Gehör nötig. »Ih werr afánga mied« heißt demnach soviel wie »Ich werde allmählich müde«. Im Allgäu hört man auch »ahéba« statt »afánga«, abgeleitet von »anheben«, das ein altertümlicher Ausdruck für »beginnen« ist. Das Schwäbische stellt also hier den Satzbau nicht auf den Kopf, wie es zunächst scheint, sondern formuliert nur gänzlich anders.

Ähnlich wie »anfangen« kann auch »helfen« adverbial gebraucht werden. Anstatt »Hilf mir bitte den Sack in den Keller (zu) tragen!« heißt es: »Trag mer helfa dean Sack en Kellr!« Statt »Du könntest auch bei der Arbeit helfen« sagt man: »Du kenntescht ao helfa schaffa!« So verliert das Wort manchmal seinen verbalen Charakter und steht einfach unflektiert im Satz.

Eine Besonderheit stellt das vom Stamm »gan« abgeleitete »gå« dar, mit kurzem Vokal gesprochen. Es bedeutet etwa »jetzt dann« oder »bald«. Man sagt: »Ih mueß gå hõẽm« oder »Mir sottet gå ãfanga« oder »Mir kenntet gå gãõ« (Wir könnten jetzt dann gehen). Die Schwaben verwenden es meist ganz unbewusst und bemerken gar nicht, dass es für andere kaum verständlich ist.

Eine eigenartige Formulierung findet sich auch in der Aussage: »Der alte Mãã håt me räecht verbarmet«. Das bedeutet weder, dass sich der alte Mann des Sprechers erbarmt hätte, noch umgekehrt. Man will vielmehr damit ausdrücken, dass der Alte Mitleid bei einem erweckt habe. Darum müsste man die Aussage am besten so übersetzen: »Der alte Mann hat mir recht Leid getan.« (Ob diese altertümliche Aussageweise, wie ich sie aus meiner Kindheit kenne, noch im Gebrauch ist, entzieht sich meiner Kenntnis.)

Journalisten geben neuerdings im Fernsehen wie in der Presse Un-Sätze wie diese von sich:

1. »Wäre Ottilie von Pogwisch nicht unter die Goethes geraten, das Interesse an ihr hielte sich heute in Grenzen.«
2. »Lebte Fassbinder noch, er würde Thomas Bernhard verfilmen.«
3. »Wo die Reise hingeht, niemand weiß es.«
4. »Hätte er es gewusst, es wäre nicht geschehen, so der feste allgemeine Glaube.«
5. »Wie viele von ihnen nach den Bombardements noch leben, keiner weiß es.«
6. »Das alte Wissen, über den Signor Vesuvio, die Menschen verdrängen es nur allzu gerne.«

So grobe Schnitzer würde sich kein Schwabe erlauben, gleichgültig ob er nun Dialekt spräche oder die Hochsprache verwendete. Die allererste Regel des deutschen Satzbaus, dass im Hauptsatz das Prädikat die so genannte Zentralstellung einnimmt, das heißt an zweiter Stelle erscheint, gilt für Schwaben immer. Dass also, wenn an erster Stelle ein Nebensatz steht, der Hauptsatz mit dem Prädikat zu beginnen hat, ist auch klar. (Dass dies Inversion bedeutet, muss man nicht wissen; Hauptsache ist, dass man das Subjekt an die dritte Stelle rückt.)

Lassen wir einmal den ersten Satz weg, den wohl kein Mundartsprecher von sich gäbe, könnte man folgendermaßen übersetzen:

2. Wenn dr Fassbender noh läeba dät, nå dät er jetz da Thomas Bernhard verfilma.
3. Wo dees nägåt, woiß kõë Mensch.
4. Älle moinet, wenn er dees gwisst hett, wär's net bassiert.
5. Wie vil võ dene nåch dem Bombaägriff noh läebet, woiß män-it (oder: woiß mä net).
6. Was d' Leit amål iber den Siecha von-ama Fesuf gwisst hond, wellet se auf oimål nimme wissa.

Demnach müsste auch der erste Satz auf hochdeutsch lauten: »Wäre Ottilie von Pogwisch nicht unter die Goethes geraten, hielte sich das Interesse an ihr heutzutage in Grenzen.«

Vielleicht sollten die Damen und Herrn Journalisten doch einmal bei den Schwaben in die Schule gehen, damit sie endlich wieder ein ordentliches Hochdeutsch lernten.

Typisch schwäbisch

Die Schwaben gebrauchen bisweilen Wörter, die andere nicht verstehen. Daran ist nichts Besonderes; wenn Franzosen miteinander reden, versteht einer, der kein Französisch kann, ja auch nichts. Es gibt sogar eine Menge schwäbischer Wörter, die selbst von vielen Schwaben nicht oder nicht mehr verstanden werden, teils weil sie aus einem andern Dialekt stammen, teils weil sie veraltet und nur noch älteren Leuten bekannt sind. Wenn da eine alte Frau aus dem Oberland ein weinendes Kind aus Stuttgart mit den Worten zu trösten versucht: »Då muescht it zenna derwäega!« (Du musst deshalb nicht weinen!), wird dieses wahrscheinlich nicht verstehen. Umgekehrt wird die Frau irritiert sein, wenn ihr die Mutter des Kindes daraufhin sagt: »Dees battet net!« (Das hilft nicht.)

Die Unterschiede zwischen den verschiedenen schwäbischen Dialekten sind schon so groß, dass etwa ein Rottweiler in Ulm oder ein Biberacher in Stuttgart nicht immer verstanden wird und ein Allgäuer im Unterland sowieso nicht. Mancher wird also einwenden: Wenn sich die Schwaben schon untereinander kaum verständigen können, wie will da ein Fremder mit ihnen reden? Aber ganz so wild ist die Sache nicht; denn es ist jedem Menschen klar, dass er mit seiner Ortsmundart nicht weit kommt und deshalb, wenn er weiter von daheim weg ist, eine andere Sprachebene wählen muss, also zunächst einmal eine Regionalsprache und, wenn er damit nicht durchkommt, die Schriftsprache, soweit er sie beherrscht.

Nun geht man zwar allgemein davon aus, dass es bei den Schwaben mit der Beherrschung der Schriftsprache nicht weit her sei, aber das ist bei Bayern oder Hessen oder Rheinländern kaum anders; und selbst die Norddeutschen sind selten in der Lage, ein reines Schriftdeutsch zu sprechen, und wenn sie sich's noch so sehr einbilden. Meistens kommt man sich sprachlich soweit entgegen, dass doch eine Verständigung (oder Kommunikation, wie es jetzt hochgestochen heißt) zustande kommt.

Aber auch wenn sich ein Schwabe bemüht, sich einem Fremden verständlich zu machen, wird er doch immer wieder, unbewusst und ungewollt, ein Wort verwenden, das dieser nicht kapiert oder missversteht. Darum soll hier eine kleine Liste von häufig gebrauchten Wörtern zusammengestellt werden, deren Bedeutung man kennen sollte, wenn man sich mit Schwaben unterhält. Die Liste wird in drei Spalten geschrieben: I. das schwäbische Wort in schriftsprachlicher Form, II. in Dialektform und III. in der Übersetzung.

Wörterliste für Fremde

I.	II.	III.
A		
á–ah	ã–ãã	*nein (Betonung auf der 1. Silbe, mit Hiatus)*
ahá	ãhã	*ja (Betonung auf der 2. Silbe)*
Ahn m.	Ene	*Großvater*
Ahne f.	Ana	*Großmutter*
Aißen m.	Oißa	*Eiterbeule, Furunkel*
anfángen	afánga	*allmählich, so langsam*
B		
Bachel m.	Bachl	*geistig leicht behinderter Mensch*
bähen	bäa	*aufbacken (Brot)*
Bäslein n.	Bäsle	*Base, Cousine*

I.	II.	III.
Bein n.	Bōē	*Knochen*
bieseln	bisela	*wasserlassen, pissen*
		(bes. bei Kindern)
Blase f.	Blåås	*Bande, Klüngel, auch:*
		Verwandtschaft
Bodenbirnen Pl.	Bodabira	*Kartoffeln*
Bollen m.	Bolla	*Erdklumpen, auch:*
		Ball
brunzen	brunza	*wasserlassen*
		(bes. bei Frauen)
Bube m.	Bua	*Junge, Knabe*
Buckel m.	Buckl/Buggl	*Rücken*

C ─────────────────────

Chaiselongue f.	Schässlō	*Liege, Chaiselongue*

D ─────────────────────

Däz m.	Däz	*Kopf (von frz. tēte)*
degenmäßig	däegamäßig	*zurückhaltend,*
		schüchtern, brav
derselbe	drsäell	*jener*
Docke f.	Docka/Dogga	*Puppe*
Dole f.	Dola	*Abwasserkanal, Gully*

E ─────────────────────

ebbes	äbbas	*etwas*
Erdbirnen Pl.	Ebira	*Kartoffeln*
–	etz/etzet	*jetzt*

I.	II.	III.
F		
Fahnen m.	Feena	*leichter Stoff, billiges Kleid*
fert- (Vorsilbe)	fert-	*ent-* (eigentlich fort-)
fertlaufen	fertlaofa	*entlaufen*
fertwischt	fertwischt	*entwischt*
Fidlein n.	Fidla	*Hintern*
Fuß m.	Fueß	*Fuß und Bein (mit Unter- und Oberschenkel!)*
G		
Gaul m.	Gaul	*Pferd*
gautschen	gautscha	*schaukeln*
G(e)lump	Glump/Glomp	*Zeug, das nichts taugt*
G(e)rust	Gruuscht	*Gerümpel, unnütze Dinge*
Glufe f.	Glufa	*Stecknadel*
Götte m.	Gette	*Taufpate (NB. iden-tisch mit Goethe!)*
Gotte f.	Gotta	*Taufpatin*
gotzig	gotzig	*einzig (wohl aus: gott-einzig)*
grätig	grätig	*mürrisch, ärgerlich*
Grind m.	Grind/Grend	*Kopf (abwertend)*
Gucke f.	Gucka/Gugga	*Papiertüte*
gucken	gucka/gugga	*sehen, schauen*
H		
Häcker m.	Häckr/Häggr	*Schluckauf*
hälingen	hälinga	*heimlich, verstohlen*
Hafen m.	Hafa	*(irdener) Topf*

I.	II.	III.
heben	heba	*halten, festhalten*
heulen	heila	*weinen*
hocken	hocka/hogga	*sitzen*
Hocketse f.	Hocketse	*Straßenfest mit Bewirtung (Neubildung!)*
hopfenleicht	hopfaleicht	*federleicht, ganz einfach*
hudeln	hudla	*etwas überstürzen, schlampig arbeiten*

I/J

I.	II.	III.
jucken	jucka/jugga	*springen, hüpfen*

K

I.	II.	III.
Kipf m.	Kipf	*langes Brot*
Kratten m.	Kratta/Krätta	*Weidenkorb*
Krott f.	Grott	*Kröte*
krottenfalsch	grottafalsch	*ganz falsch*
krottenschlecht	grottaschläacht	*ganz übel (NB. grottenschlecht ist falsch!)*
krebseln	kräbsla/gräbsla	*krabbeln, auch: klettern*
Kugelfuhr f.	Kuglfuhr	*Aufregung, Durcheinander*

L

I.	II.	III.
Laib m.	Loib	*rundes Brot*
laufen	laofa	*gehen*
lupfen	lupfa	*heben, anheben*
lummelig	lommelig	*schlaff*

I.	II.	III.
M		
Mägdlein	Mädle, Pl. Mädla	*Mädchen*
Mannsbild n.	Mannsbild	*erwachsener Mann*
Meckel m.	Meggl	*Kopf*
Most m.	Moscht	*Apfelwein*
Mücke f.	Muck/Mugg	*Fliege*
N		
nah	nå	*nachher (!)*
Nane f.	Nãnã	*Großmutter*
Nene m.	Nene	*Großvater*
Nees f.	Nẽs	*Nase (frz. le nez)*
noh	noh	*noch*
noo	noo	*nur (!)*
O		
Ofenschlupfer	Ofaschlupfr	*Auflauf (aus Brötchen, Äpfeln, Rosinen u. a.)*
Ohrenwuseler	Orawuseler	*Ohrwurm*
P		
Papp m.	Bäpp	*Klebstoff*
Pfätschenkindlein	Pfätschakendle	*Säugling, Kind, das noch in den Windeln ist*
pfludern	pfludera	*flattern*
pfupfern	pfupfera	*unruhig, nervös sein*
Plafond m.	Blaffõ	*Zimmerdecke*

I.	II.	III.
R		
räß	räß	*sauer (bei Obst, Most oder Wein)*
Ranzen m.	Ranza	*Leib, Bauch, auch: Schulranzen*
Ringlotten Pl.	Ringlotta	*Renekloden*
Rosmücken Pl.	Rossmucka	*Sommersprossen*
Rossbollen m.	Rossbolla	*Pferdeapfel*
Rufe f.	Ruf, Pl. Rufa	*Wundschorf*
Rugel m.	Rugl	*Rundholz*
S		
Sacktuch n.	Sacktuech	*Taschentuch*
saichen	soicha	*wasserlassen (bei Männern; gilt als unfein!)*
sauen	saua	*rennen*
Schnake f.	Schnåk m.(!)	*Stechmücke*
Seckel m.	Seckl/Seggl	*männl. Glied, Schimpfwort für einen Mann*
Siech m.	Siech	*frecher, schlauer oder hinterhältiger Kerl*
springen	springa	*laufen*
stendlingen	stendlinga	*im Stehen*
stockeln	stockela	*stolpern*
stuttern	stuttera	*stochern*
T		
Teppich m.	Teppich/Debbich	*Wolldecke (!), auch: Bodenteppich*
Träublein Pl.	Treibla	*Johannisbeeren*

I.	II.	III.
trielen	triela	*Speichel aus dem Mund fließen lassen, sabbern*
Trottoir n.	Trottwar	*Gehsteig, Bürgersteig*

I.	II.	III.
Unfirm Pl.	Õfirm	*Unarten, Ungezogenheit*

I.	II.	III.
ver-	ver-	*er- (Vorsilbe)*
verschrocken	verschrocka	*erschrocken*
verzürnt	verzirnt	*erzürnt*

I.	II.	III.
waidlich	woile	*schnell, hurtig, eilig*
Wasen m.	Wasa	*Grasboden oder Torfstück*
Wetter n.	Wäettr	*Unwetter, Gewitter*
wirklich	wirklich	*gegenwärtig, zurzeit*
wüst	wiescht	*hässlich, unschön*

I.	II.	III.
Zapfen m.	Zapfa	*Schnuller*
Zibeben Pl.	Zibeba	*große Weinbeeren*
Zinken m.	Zinka	*scherzhaft für Nase*
Zipfel m.	Zipfl	*männl. Glied (bei kleinen Buben); dummer Kerl*
zutzeln	zutzla	*nuckeln, saugen*

Zum besseren Verständnis einiger kleiner, häufig verwendeter Wörter muss hier noch eine Bemerkung angefügt werden: Wenn jemand sagt: »Ih komm nå glei«, bedeutet das »nå« so viel wie »nachher« oder einfach »dann« (Ich komme dann gleich). Man sagt auch »Kenntescht mer nå et noh a weng helfa?« (Könntest du mir nachher nicht noch ein wenig helfen?) In diesem Satz findet sich nun auch das zweite dieser Wörtchen: »noh« für »noch«. Man sagt auch: »Ih woiß noh it, was-e macha soll.« Dummerweise kann dasselbe Wörtchen aber auch so viel wie »nur« bedeuten; zur Unterscheidung schreibe ich dieses als »noo«. Die häufig gehörte Aufforderung »Noo net hudla!« bedeutet also: »Nur nichts überstürzen!«

Werden solche kleinen Wörter kombiniert, muss man genau hinhören. »Glaob du noo net, dass ih nå noh fahra kennt« heißt: Glaub du nur nicht, dass ich nachher noch fahren könnte. Und wenn einer fragt: »Komm-e nå noh nã?« bedeutet das: Komm' ich dann noch hin?

Anmerkung zum Wort »wüst«: In der Schriftsprache wird als Gegensatz zu »schön« das Wort »hässlich« verwendet, was nicht recht einleuchtet; denn der Gegensatz zu »hässlich« ist sinnvollerweise »lieblich«, aufgrund des Gegensatzpaares Liebe–Hass. Die Schwaben, die nun einmal die Genauigkeit lieben, verwenden deshalb als Gegenstück zu »schön« das Wort »wüst« (wiescht). Schön ist, was Form und Maß hat, wüst das Unförmige und Maßlose, schön das Geordnete (Kosmos), wüst das Durcheinander (Chaos). Siehe da: die Schwaben als Geistesverwandte der alten Griechen!

Oberschwäbisch

Wenn Leute aus Stuttgart oder Ludwigsburg oder Reutlingen nach Buchau oder Schussenried oder Wurzach (die jetzt alle den Titel »Bad« führen) zur Kur kommen, bemerken sie kaum, dass dort ein anderer Dialekt gesprochen wird. Es fällt ihnen höchstens auf, dass die Negation »it« lautet (statt net) und dass man »alles« sagt (statt älles). Im Übrigen jedoch bemühen sich die Oberschwaben, sich ihren Gästen anzupassen und nähern sich dabei jener Regionalsprache der Unterländer an, die weithin als *das* Schwäbische angesehen wird, obwohl sie es nicht ist.

Als ich einmal in Wurzach beim Heilig-Blut-Fest mit alten Bauern an einem Tisch saß, erzählte einer von ihnen von seinen Kriegserlebnissen und wie er »mit ama Huischl« aus Russland zurückgekehrt sei. Ich wusste sofort, was er meinte, obwohl ich das Wort seit mindestens zwanzig Jahren nicht mehr gehört hatte. »An Huischl« ist ein Hengst, und man wird zugeben, dass dies ein sehr treffendes Wort ist, meint man daraus doch geradezu das Wiehern eines Pferdes zu hören.

Wenn wir schon bei der Art *Equus domesticus* sind: Das Wort »Pferd« gibt es im Schwäbischen eigentlich nicht. Es heißt normalerweise »Gaul«, und in diesem Punkt gibt es zwischen Ober- und Unterland keinen Unterschied. Wenn es sich jedoch um besonders vornehme Pferde handelt, verwendet man das Wort »Ross«. So pflegte mein Onkel, wenn er ein besonders schönes Gespann sah, anerkennend zu sagen: »Der håt abr scheene Ross!« (Die Pluralendung -e von »Rosse« fällt im Dialekt weg.) Wenn nun also der Süddeutsche Rundfunk als Maskottchen für sein Fernsehprogramm »'s Äffle und 's Pferdle« ausgewählt hat, so beweist das nur, wie wenig Ahnung vom Schwäbischen seine Verantwortlichen hatten.

Typisch oberschwäbisch ist die Verwendung von »luega« statt »gucka« und »losa« statt »hera« (hören). Wenn man meiner Tante Marie etwas erzählte, was sie überraschte, sagte sie meist: »Etz los ao!«, was keineswegs als Aufforderung aufgefasst werden durfte, sich auf den Weg zu machen (also im Sinn von »Los jetzt!«), sondern bedeutete: »Ja hör nur!« »Luega« und »losa« gelten zwar meist als alemannisch, da sie dort weit verbreitet sind, werden aber auch in Oberschwaben verwendet, sodass sie auch als schwäbisch eingestuft werden können. (Die Übergänge zwischen beiden Dialekten sind manchmal fließend.)

Ein Wort, das ich in Stuttgart nie gehört hatte und das mir zum ersten Mal im Oberland begegnete, ist »selbander«, das »zu zweit« bedeutet. Kunsthistoriker kennen den Bildtypus »Anna selbdritt«, das heißt Darstellungen von Anna, Maria und Jesus (also Großmutter, Mutter und Kind). Im Dialekt wird »selbdritt« kaum verwendet, aber »selbander« ist ganz gewöhnlich. Es kommt sogar im Hohenlohischen vor, wo es allerdings »zbander« lautet. Wenn man also beispielsweise als Kind einen weiten Weg allein zurückgelegt hat, kann einem hinterher gesagt werden: »Was? Ih hett denkt, du wärscht selbander ganga.« Es kann ebenso lauten: »... ihr wäret selbander ganga«, wenn vorher von einer zweiten Person die Rede gewesen ist. »Selbander« bedeutet, dass man selber der andere, also der zweite ist.

Ganz typisch fürs Oberschwäbische ist, dass sowohl beim Plural des Präsens als auch beim Partizip Perfekt die Endung -et erhalten ist. Es heißt also:

»mir säeget«	und	»mir hond gsäeget«,
»mir räechet«	und	»mir hond gräechet«,
»mir hoblet«	und	»mir hond ghoblet«.

In Stuttgart würde man beim Partizip eher »gsägt«, »grächt« und »ghoblt« sagen. Aber der Plural des Imperativs lautet allgemein: »kommet, ganget, bleibet då!« usw. Wenn also ein Schwabe im Evangelium liest: »Nehmet nichts mit auf den Weg ...« oder »So bleibet dort« oder »Selig die Augen, die sehen, was ihr sehet ...« u. Ä., so kommt ihm das sehr vertraut vor, denn er sagt ja auch nicht »nehmt!« oder »bleibt!« oder »seht!«, sondern »nemmet!« oder »bleibet!« Statt »seht!« würde er allerdings »gucket!« oder »lueget!« sagen.

Freilich muss man als Nicht-Schwabe aufpassen, dass man die Regel nicht völlig verallgemeinert. So steht zum Beispiel neben »mir mõẽnet« das Perfekt »ih hon gmõẽt«, neben »mir saget« »ih hon gsait«; denn im ersten Fall kann man kein -et anhängen, weil das n nasaliert, im zweiten, weil das g vokalisiert ist. Ja, das sind halt so die Feinheiten!

Alles in allem lässt sich feststellen, dass im Oberland viele typisch schwäbischen Merkmale eben noch stärker ausgeprägt oder besser erhalten sind als im Niederschwäbischen, was man als ein Zeichen für Rückständigkeit ansehen mag, aber nicht unbedingt muss. Im Oberland haben sich halt die alten ländlichen Strukturen und Lebensgewohnheiten länger erhalten als im frühzeitig industrialisierten Neckargebiet, und darum haben hier viele landwirtschaftliche und handwerkliche Ausdrücke länger überlebt.

Hier ein paar Beispiele: Ein Rind ist nicht einfach ein Rind, sondern zunächst »an Budl« (ein Kalb), dann »an Schumpa« (halbwüchsig), später »a Rindle«, wenn es zum ersten Mal trächtig ist »a Kalbl« (eine Kalbin) und erst am Ende »a Kua«. Bei den Kälbern unterscheidet man »Kuabudl« und »Hägebudl«, denn der Stier heißt »Häge« (identisch mit dem Namen des Sagenhelden Hagen), der Ochse aber »Molle«.

Je näher man den Alpen kommt, desto mehr herrscht die Graswirtschaft vor, und traditionell wurde das Gras nicht zu Silofutter verarbeitet, sondern zu Heu. Wenn das Gras zum Heuen gemäht ist, muss es über Nacht zu langen Reihen zusammengerecht werden, die »Loreia« heißen; wenn das Wetter schlecht wird, muss es auf »Hōēza« (Heinzen). Dazu gibt es auch das Verb »hōēza« (heinzen): »Bei deam Sauwäettr huir mient mer widr hōēza.« (»Mient« ist eine Kurzform von »miesset«, müssen.) Von raueren Gegenden wie etwa den Seibranzer Höhen sagen die Nachbarn, dort müsse man sogar den Schnee heinzen.

Wenn sich in einem Backofen zu viel Mehl angesammelt hat, wird es mit einem feuchten Lappen an einer Stange herausgewischt. Dieser Lappen heißt »Flodr« und der Vorgang »flodera«. Im bekannten Lied »Auf em Wase« kommt das auch vor, aber dort heißt das Gerät »Fläderewisch«, was aber dasselbe wie ein Floder ist.

Wenn man zähes Holz zu spalten hat, das sich nicht so einfach mit der Axt auseinanderhauen lässt, muss man es mit Keilen auseinandertreiben. Das heißt »klieba« oder »verklieba«. Das davon abgeleitete Substantiv »Kloben« ist wohl allgemein bekannt, das Verb »klieben« ist nur noch in Teilen Schwabens und Bayerns üblich.

Wenn Kinder recht wild herumtoben, »dont se käl«. Das Wort »käl« (mit langem ä) gehört zum mhd. »quale, kale, kele«, das Beklemmung, Marter, Qual bedeutet. Es bezieht sich also weniger auf das Tun der Kinder, als vielmehr auf das, was sie einem damit antun: Sie fallen einem auf die Nerven. Im Allgemeinen wird das jedoch nicht tragisch genommen, denn Kinder müssen sich manchmal austoben. Zumindest erscheint es so in jenem Musteraufsatz zum Thema »Abends daheim«. Er lautet (nach Wurzacher Überlieferung): »Die Mutter tut die Läden rein. Mir Kind tuent kähl. Der Vatter leit auf dem Kanapee und furzet.«

Kleine Wörterliste für Schwaben

A —————————————————————————

äabr   aper, schneefrei *(zu lat. aprire = öffnen)*

B —————————————————————————

bägerα   jem. quälen
              (zu mhd. bagen = laut schreien, streiten)
Bämullα f.   empfindliche, weinerliche weibliche
              Person
Båle m.   Kater *(wohl zu mhd. bal = Gebell, laut)*
Budl m.   Kalb

D —————————————————————————

derrα   wild davonrennen *(bes. von Kühen)*
dollorig   schwerhörig, taub
              (wohl zu mhd. dol = das Leiden)
drãẽsα   ächzen, stöhnen, auch das Quietschen von
              neuen Schuhen oder von Türangeln
Duckentle n. Zwergtaucher *(Podiceps ruficollis)*
Dullα f.   Dohle *(Coloeus monedula)*

E —————————————————————————

Esch m.   Ösch, Dorfetter, Flur

F —————————————————————————

Fäel n.   Wunde
              (zu mhd. vaele = das Fehlen, Verfehlen)
Fääsα   Dinkel *(ursprünglich von den Schwaben
              kultiviertes Getreide)*
Feel f.   Mädchen, Tochter *(wohl von lat. filia)*
firbα   etwas reiben, polieren *(vielleicht zu
              ahd. ar-firren = entfernen)*

Flodr m.	Wischlappen zum Ofenreinigen
flodera	den Ofen mit einem Lappen ausfegen
Forra f.	Forche, Föhre, meist: Bergkiefer *(Pinus montana)*

G

gigampfa	*(auf dem Stuhl)* schaukeln

H

Hack m.	Habicht *(Accipiter gentilis)* *(verwandt mit engl. hawk)*
häcka	zornig weinen
Häge m.	Stier *(von mhd. hagen = Zuchtstier)*
Häs n.	Kleidung, Gewand *(von mhd. haeze, haez)*
häza	klettern
Huischl m.	Hengst

I/J

Jomerfidla	weinerlicher Mensch *(wörtl. jammernder Hintern)*

K

Keanr m.	Dachrinne *(zu mhd. kienin = von Kiefernholz)*
Klattera Pl.	Schmutzkruste (bes. an den Kühen)

L

Låle m.	kraftloser Mensch
losa	hören, horchen
luega	schauen, sehen

M

Molle m.	Ochse, in einigen Gegenden auch: Stier!
Muesmolle m.	träger Mensch

N

nolla	lutschen, schnullen
Nussjåckl	Eichelhäher (*Garrulus glandarius*)

O

Õë-ede	Einzelgehöft *(wörtl. Einöde)*
Ohmet	Öhmd, 2. Heu

P

pfuzga	pusten, Luft ausstoßen

R

Rank m.	Wegbiegung, Kurve *(zu mhd. ranc = schnelle drehende Bewegung)*
renka	*(ein Fahrzeug)* lenken
Riedmeckeler m.	Bekassine (*Capella gallinago*)
ring	schmächtig *(z. B. a rings Määle)*

S

Schnoitr m.	Beil zum Reisighacken
Schoß, die (!)	Schoß, auch: Schürze
se!	da! nimm! *(zu got. sehvan = sehen)*
stracka	lässig daliegen *(verwandt mit strecken)*
Sträl m.	Kamm
sträla	kämmen
striela	streunen, herumzigeunern

T

Trucha f.   Truhe, auch: dicke Frau

U

Üfirm Pl.   Dummheiten, Bubenstreiche

W

wäh   schön, gut angezogen
                              (zu ahd. wahi = schön)
wala   sich wälzen *(verwandt mit nhd. Wal)*

Z

zenna   still weinen
Zõẽna f.   Weidenkorb *(zu got. tainjo = Korb)*
Zullabeba   ängstliche weibliche Person

Uralte Erinnerungen

Wenn man im Oberland oder im Allgäu einem Menschen etwas hinhält und ihn auffordert, es zu nehmen, sagt man nicht »da!« oder »nimm!«, sondern »se!«. Dieses Wörtchen fällt völlig aus dem Rahmen des sonst Üblichen, denn es wird mit einem sehr kurzen, beinahe abgerissenen geschlossenen e gesprochen, während in offener Silbe eigentlich ein langes e zu erwarten wäre wie in »See« oder »Schnee«. Die Erklärung dafür: Dieses Wörtchen ist ursprünglich nicht schwäbisch, sondern gotisch, genauer gesagt der Imperativ des got. Verbs saíhvan. Dazu muss man wissen, dass im Gotischen das kurze e als aí geschrieben wird. »Se!« entspricht demnach unserem »sieh!«. Aber wie kommt ein gotisches Wort ins Schwäbische?

Wahrscheinlich folgendermaßen: Zwischen 493 und 553 n. Chr. existierte in Italien und auf dem nördlichen Balkan ein mächtiges Ostgotenreich. Es war eben jene Zeit, in der die Alemannen von Chlodwig geschlagen wurden und den nördlichen Teil ihres Territoriums an die Franken abtreten mussten. Dass ihr Herzogtum nicht vollends unterworfen wurde, verdankten sie dem berühmten Gotenkönig Theoderich (493–526). Zu dieser Zeit gab es rege Kontakte zwischen den beiden Völkern über die Alpen hinweg, und zweifellos kamen gotische Kaufleute auch ins Schwabenland. Wenn sie nun den Leuten hier ihre Waren zeigten, sagten sie eben »saíhv!« (gesprochen: sech!). Und so kam es, dass dieses Wörtlein in Schwaben heimisch wurde.

Es ist aber nicht die einzige Erinnerung an die gotisch-schwäbische Nachbarschaft. Der Weidenkorb, der im nördlichen Schwaben als »Krätta« (Kretten) bezeichnet wird, heißt im Süden »Zõẽnα« (Zaine). Das entspricht, unter Berücksichtigung der Lautverschiebung genau dem gotischen Wort »tainjo«, das auch Korb bedeutet und ebenso feminin ist wie im Schwäbischen.

Eigenartig und wahrscheinlich auch mit dem Gotischen verwandt scheint das Wort »därra«, das »rennen« bedeutet, und zwar speziell aufs Vieh bezogen. Wenn die Kühe auf der Weide plötzlich losrennen, »därret se«. Das einzige verwandte Wort, das ich dazu finden kann, ist got. taíran, das »reißen« bedeutet und lautgesetzlich hätte »zerren« ergeben müssen. Aber wenn es nach der 2. Lautverschiebung übernommen worden ist, kann das t durchaus zu d erweicht worden sein. Und wenn man berücksichtigt, dass got. ga-taíran »zerreißen, auflösen« bedeutet, wäre es durchaus denkbar, dass sich das Wort nicht so sehr aufs Rennen, sondern auf die Auflösung der Herde bezieht, die in Panik auseinanderrennt. Wer je als Hütebub erlebt hat, was das für ein Schrecken ist, wenn die sonst friedlichen Kühe plötzlich nicht mehr zu halten sind, wird es keineswegs sinnlos finden, dass es für diese Situation ein eigenes Verb gibt.

Es lässt sich aber auch auf andere Situationen übertragen. Wenn zum Beispiel jemand aus Angst kopflos davonrennt, kann man dies auch als Därren bezeichnen. Und wenn jemand irgendwo draußen herumsitzt und einfach nichts tut und ein anderer dumm fragt, was er denn mache, kann es leicht sein, dass er scherzhaft antwortet: »D' Schnecka auf d' Schwenz haoa, dass se därret!« (Die Schnecken auf die Schwänze hauen, dass sie rennen!)

Alte Verwandtschaft mit anderen germanischen Sprachen verrät auch das Wort »Hack« für den Habicht. Es findet sich im engl. hawk ebenso wie im schwed. hök. Das im Neuhochdeutschen übliche »Habicht« von mhd. habech ist eindeutig eine jüngere Form.

Genug der alten Geschichten! wird nun mancher denken, aber eine immer noch lebendige Ausdrucksform, die auch sehr

alte Wurzeln hat, muss doch noch erwähnt werden: »edda!«
als besonders energische Verneinung. Es benützt die noch im
Mittelhochdeutschen beliebte Verstärkungssilbe -a, wie man sie
beispielsweise im Nibelungenlied findet:

>*Neina, herre Sifrit! ja fürhte ich dinen val.*« *(924,1)*

Und in einem bekannten Gedicht Walthers heißt es:

>*bekera dich, bekere / die cirkel sint ze here ...*« *(9,10 f.)*

Man sieht hier sehr schön, dass der normale Imperativ »bekere«
zu »bekera« verstärkt wird.

Aber wie soll man ein »ja« verstärken, das doch ohnehin auf
-a endet? Ganz einfach: Man muss die Verstärkungssilbe vor-
ausstellen: ájå! Das bedeutet »doch!«, als Gegenrede auf eine
negative Frage: »Håscht kõẽn Hunger?« Antwort: »Ájå!« Es
wird deutlich auf der ersten Silbe betont und ist nicht mit jenem
pfälzisch-hessischen »ha-jåå« zu verwechseln, das man mit »ja,
schon« übersetzen könnte und das eher Unentschlossenheit als
energische Widerrede ausdrückt. Kurzum: Wenn ein Schwabe
»ájå!« sagt, meint er »doch!«

Wesch wäscha

Leute, die keine guten Ohren haben, gewinnen oft den Eindruck, das Schwäbische bevorzuge grundsätzlich das offene gegenüber dem geschlossenen e, also das ä gegenüber dem e. Nun mag das zwar in einigen Positionen vor allem für den protestantischen Dialekt zutreffen, der »Sääle« und »Lährer« (statt Seele und Lehrer) sagt, aber generell ist es falsch. In vielen Fällen, wo die Schriftsprache ein ä schreibt, spricht man nämlich im Schwäbischen ein geschlossenes e. Der Plural von »Gascht« lautet nicht »Gäscht«, sondern eindeutig »Gescht«. Man sagt: »Heit sind abr vil Gescht komma.« Sprachgeschichtlich betrachtet handelt es sich hier um den so genannten Primärumlaut, der schon im Althochdeutschen mit e geschrieben wird: gast/gesti, ast/esti, aphul/ephili, slag/slegi, zan/zeni. Dementsprechend heißt es auch auf schwäbisch: Escht (Äste), Epfl (Äpfel), Schleg (Schläge), Zē (Zähne). Natürlich heißt es auch »Bendl« und nicht »Bändel«, wie jetzt fälschlich geschrieben wird. Irregulär ist, dass man in manchen Gegenden »Epfl« auch im Singular verwendet: der Epfl! Kinder sagen: »Mamma, ih mecht an Epfl!« Auch »Däg« für »Tage« entspricht nicht der Regel, denn der ahd. Plural lautet »taga«.

Nun gibt es aber auch Fälle, wo das Schwäbische statt a den Sekundärumlaut ä aufweist, und zwar vor sch. Es heißt also: wäscha (statt waschen), Däscha (Tasche), Fläscha (Flasche), Mäscha (Masche). Das Ergebnis ist, dass nun der schriftdeutsche Ausdruck »Wäsche waschen« im Dialekt als »Wesch wäscha« erscheint, sodass also beide Stammvokale verändert sind, aber in entgegengesetzter Richtung. – Dergleichen kann man nicht aus Büchern lernen, auch nicht aus diesem, man muss es einfach oft genug hören. Damit man es aber auch wirklich hört, muss man vielleicht doch darauf hingewiesen werden.

Bei einigen Verben wird beim Konjugieren überhaupt nicht umgelautet.

So heißt es:

ih fall, du fallscht, er fallt; mir/ihr/se fallet; also nicht: du fällst, er fällt;

ebenso:

ih halt, du haltescht, er haltet; mir/ihr/se haltet; nicht: du hältst, er hält.

Es zeigt sich hier dieselbe Tendenz, den Stammvokal im Singular zu vereinheitlichen, die wir schon beim Kapitel Konjugation bemerkt haben. In diesem Fall wird dabei auf den Umlaut verzichtet. Bei der Deklination hingegen erkennt man bisweilen die Neigung, den Plural durch Umlaut zu kennzeichnen, auch wo in der Schriftsprache keiner auftritt. Da heißt es dann: der Karra, die Kärra; der General, die Generäl (offiziell: die Generale).

Schließt eine Silbe mit ch oder ck, wird der Umlaut oft unterdrückt. Es heißt darum »Kuche« (statt Küche), bucka (bücken), drucka (drücken), rucka (rücken). Das schriftsprachliche »drucken« im Sinn von »Lettern auf Papier pressen« stammt aus der oberdeutschen Sprache der ersten Druckorte Mainz, Straßburg und Basel, bedeutet also nichts anderes als »drücken«. In Wörtern mit pf zeigt sich dasselbe: hupfa/hopfa (statt hüpfen), schlupfa (schlüpfen), merkwürdigerweise nur beim Vokal u. Jedenfalls heißt es »schepfa« (schöpfen) und »kepfa« (köpfen), wenn auch mit der üblichen Entrundung.

Für fremde Ohren oft kaum hörbar ist der Diphthong äe (streng genommen ää), der aus altem langem e entstanden ist. Zwar ist er schon bei der Übersicht über die Diphthonge erwähnt worden, doch soll hier noch einmal auf ihn hingewiesen werden, da er so typisch ist. Es heißt: Wäag, Stäag, Räaba (Reben), Fäel (Fehl = Wunde), läebɑ, gäebɑ, wäebɑ usw. Eigentlich müsste es auch »Knäecht« und »räecht« heißen, da hier die Silbe jedoch eher kurz gesprochen wird, kommt je nach Gegend ein ä (Knächt) oder fast ein a (racht) zustande. Aber für manchen Schwaben klingt es doch recht scheußlich, wenn Stuttgarter einfach »Wääg« sagen, als wären sie Sachsen.

Dass ö grundsätzlich zu e und ü zu i entrundet sind, ist schon bekannt, doch muss hier ergänzt werden, dass auch eu beziehungsweise äu entrundet wird, und zwar zu ei. Es heißt: Leit (Leute), Heit (Häute), heit (heute), leitɑ (läuten) usw. Das ist insofern bemerkenswert, als ja der Diphthong oi durchaus vorhanden ist, aber er steht eben nur für mhd. ei, nicht für iu. Dieses kann im Schwäbischen allenfalls noch als ui erscheinen (Fuir, nui usw.).

Eine Besonderheit, die noch erwähnt werden muss, besteht darin, dass einsilbige Wörter, die sonst konsonantisch enden, im Schwäbischen oft ihren Konsonanten verlieren und einfach mit dem Stammvokal aufhören. Besonders leicht verliert sich dabei das ch, sodass es nun heißt: ih (statt ich), mih, dih, noh (noch), ao (auch). »Wie lang soll ih noh auf dih waartɑ?«, meist: »Wie lang soll-e noh auf de waartɑ?« Bei »mehr« kann auch das r wegfallen: »Ih will nix meh!«

Redensarten

Es gehört wohl zu den Merkmalen aller Mundarten, dass bestimmten Situationen die immer gleichen Redensarten zugeordnet werden. Man weiß also schon vorher, welcher Spruch bei einer bestimmten Gelegenheit zu erwarten ist. Der Vorteil solcher standardisierter Ausdrücke ist nicht nur, dass man sich nicht lange überlegen muss, was jetzt zu sagen sei, sondern dass die Kinder von vornherein ganze Satzmodelle kennen lernen und dadurch eine höhere Sprachsicherheit gewinnen. Die Gefahr, dass er beim Sprechen Fehler macht, ist daher für einen Dialektsprecher erheblich geringer als für jemand, der von vornherein mit einer (meist stümperhaften) Hochsprache aufwächst. Ganz nebenbei bemerkt: Eltern, die ihren Dialekt aufgeben, sobald sie Kinder haben, tun diesen keinen großen Gefallen. Meist glauben die Kleinen dann, sie dürften in der Schule einfach so schreiben, wie sie reden, und das ist ein Irrtum!

Wenn in der guten alten Zeit die Württembergische Landesbühne mit Theater- und Operettenaufführungen über Land zog, war dies für die Leute der Ortschaften, wo sie gastierte, immer ein besonderes Ereignis. Wenn nun jemand nach dem Besuch so einer Aufführung von den Daheimgebliebenen gefragt wurde, wie es denn gewesen sei, pflegte er (zumindest in meiner Heimat) zu sagen: »Schē isch gsāē; vil Leit hond zennet!« Erst nach dieser offenbar notwendigen Einleitung ging man auf die Leistungen der verschiedenen Schauspieler und Sänger ein. Dass man vor Rührung weinte, gehörte zum Theatergenuss anscheinend dazu.

Wenn jemand bei der Arbeit ungeduldig wird, pflegt man ihm zu sagen: »S ischt alles α Weile nett ...«, und ein nicht Eingeweihter würde sich nun vielleicht in seiner Ungeduld bestätigt sehen, aber der Ausspruch stellt in Wahrheit einen sanften Verweis dar, denn vollständig lautet er: »S ischt alles α Weile nett, håt dersell Mesmer gsait, wie-n-er am Steffestag dα Krischtboom zur Kirchα nauskeit håt.« Wenn ein Mesner den Christbaum bereits am Stephanstag (dem zweiten Weihnachtstag) aus der Kirche wirft, ist er allzu ungeduldig. Und eben das will man dem Angesprochenen sagen: Er solle sich doch gedulden.

Wenn man eine schwere Arbeit zu tun hat und ermahnt wird, man müsse sich halt daran gewöhnen, pflegt man sich mit dem Spruch »Mulle gwehn's ...« dagegen zu verwahren. Der komplette Spruch lautet: »Mulle gwehn's, håt diesell Beire gsait, wie se mit dr Katz dα Ofα ausgfloderet håt.« (Mieze, gewöhn dich daran, sagte die Bäuerin, als sie mit der Katze den Ofen ausfegte.) Die Bedeutung ist also, dass man es mit einer Sache zu tun habe, an die man sich nie gewöhnen wird.

Manchmal steckt ein Mensch in einer Krise, und ein Freund versucht vielleicht, ihn aufzumuntern, indem er ihm vor Augen hält, es werde demnächst auch wieder aufwärts gehen. Da kann es passieren, dass der Angesprochene ironisch antwortet: »S gåht aufwärts, håt dersell Spatz gsait ...« Die Ergänzung lautet: »... wie-n-en d' Katz d' Stiegα naufgschloift håt.« Wenn man den ganzen Spruch kennt, ist der Sinn eindeutig: Es geht für den Spatzen nicht wirklich aufwärts, wenn ihn die Katze im Maul die Treppe hinaufträgt.

Die meisten dieser schwäbischen Sprüche haben die Eigenheit, dass sie genau das Gegenteil von dem meinen, was sie zunächst auszudrücken scheinen. Sie sind recht hintersinnig und für einen Fremden desto weniger verständlich, als sie meist nicht vollständig zitiert werden. So wissen nur die Eingeweihten, was mit dem jeweiligen Halbsatz ausgedrückt werden soll.

Absichtlich zweideutig ist der oft gehörte Spruch: »Wo-n-e bĩ, isch nix, und iberall kän-e it säë!« (Wo ich bin, ist's verkehrt, und überall kann ich nicht sein.) Man könnte das naiverweise so deuten: »Ich kann nicht immer überall nach dem Rechten sehen!« Ganz wörtlich genommen bedeutet es jedoch: »Wo ich auch bin, geht's daneben ...«, und die logische Fortsetzung wäre: »... ich kann aber nicht alles durcheinanderbringen.« Kaum ein anderer Spruch drückt in so klassischer Form die schwäbische Selbstironie aus: Man stöhnt pathetisch, dass man nicht überall gleichzeitig sein könne, und gibt zugleich schmunzelnd zu, dass es vielleicht auch gar nicht gut wäre. Jedenfalls enthält der Satz auch das Eingeständnis, dass man momentan überlastet oder überfordert ist.

Ein Professor, ganz sicher kein Schwabe, hat sich einmal über den bekannten Spruch aufgeregt:

> *Der Schelling und der Hegel,*
> *der Schiller und der Hauff,*
> *des ischt bei uns die Regel,*
> *des fallt uns gar net auf.«*

Der gute Mann war anscheinend der Ansicht, die Schwaben meinten das wirklich. Ein größeres Missverständnis kann man sich gar nicht denken. Der Satz mit seiner offenkundigen Übertreibung ist doch selbstironisch gemeint und bedeutet im Klartext, dass Leute wie Schiller oder Hegel natürlich auch bei den Schwaben die Ausnahme und nicht die Regel darstellen. Er stammt denn auch aus einer Parodie von Eduard Paulus. Unmittelbar davor stehen die vier knitzen Verse:

> *Wir sind das Volk der Dichter,*
> *ein jeder dichten kann,*
> *man seh nur die Gesichter*
> *von unser einem an.«*

Schimpfwörter und andere Grobheiten

Schwaben können recht grob werden, doch meinen sie es meist gar nicht so böse, wie es andern erscheint. Dazu gibt es eine passende Geschichte aus Tübingen: Ein Professor der Universität macht eines schönen Abends im Sommer einen Spaziergang durch die Weinberge, die er zu dieser Jahreszeit nicht mehr betreten dürfte. Ein Tübinger Wengerter (Winzer), ein echter Gåg, sieht ihn und schreit schon von weitem: »Herrgotts-Sak..., was duescht denn du en meim Wengert? Mach bloß, dass de nauskommscht! Wenn-e dih noh oimål verwisch, schlag-e der 's Greiz aa!« (... schlage ich dir das Kreuz ab). Der Professor erschrickt und entschuldigt sich vielmals: Er habe doch gar nicht gewusst usw., worauf der Gåg beruhigend meint: »Isch schö räecht. Må sait ene's jå em guedå!« (Man sagt's Ihnen ja in Güte). – Diese Geschichte, die freilich ein wenig übertreibt, soll nur verdeutlichen, dass ein Schwabe sich zwar unter Umständen recht drastisch ausdrückt, es aber doch nur halb so ernst meint.

Wenn ein Schwabe zu seiner Frau »du Kue!« sagt oder sie zu ihm »du Esl!«, bedeutet das fast gar nichts. Auch »du Dackl!« ist nicht unbedingt eine Beschimpfung, ebenso wenig »du Depp!«. Mancher schlägt sich bisweilen auch selber an die Stirn und sagt: »Ih Depp!«, was nichts weiter bedeutet als »Was bin ich doch für ein Dummkopf!«. Aber man hüte sich, einen andern als Halbdackel oder Halbdeppen zu bezeichnen, denn das ist eine Beleidigung. Ein Halbdepp ist nämlich einer, bei dem's nicht einmal zum Deppen gereicht hat.

Die Feststellung »Du bischt an Bachl!« ist auch nicht gerade schmeichelhaft, denn sie meint einen, der »nicht recht gebacken«, das heißt geistig sehr beschränkt ist. »Du Zipfl!« ist dagegen ein ganz harmloser Vorwurf, obwohl »Zipfel« ähnlich wie »Seckel« eigentlich das männliche Glied meint. Wenn man aber einen jungen Burschen als Halbseckel bezeichnet, gilt das als Herabsetzung. Und »du Hamballe, du!« (wohl nur im Allgäu geläufig) ist eine Provokation und kann leicht zum Streit führen.

Allgemein beliebt ist im Schwäbischen die Zusammensetzung mit »Hura-«, vor allem in »Huraglump« und »Hurasiech«. Das eine bezieht sich auf ein defektes Werkzeug oder Gerät, häufig auch auf Maschinen und Autos, das andere auf einen Menschen, über den man sich ärgert. Diese Ausdrücke können auch noch durch Zusammensetzung mit »Herrgotts-« gesteigert werden: »Herrgottshuraglump«, »Herrgottshurasiech«, was nur den Grad des Ärgers ausdrückt, über die Sache selber aber wenig aussagt. Übrigens denkt kein Mensch bei solchen Ausdrücken an die eigentliche Bedeutung des Wortes »Hure«. Wenn Kinder Ausdrücke wie »Huraglump«, »Huramischt«, »dees Hurafahrrad!« u. Ä. verwenden, wissen sie nicht einmal, was es bedeutet.

Das häufig gebrauchte Wort »Siech« (das ja eigentlich »Kranker« meint) ist zweideutig. »Dees ischt an Siech« kann heißen: »Das ist ein hinterhältiger Kerl«, aber ebenso gut: »Das ist ein schlauer Bursche«. Es kann also negativ oder positiv gemeint sein, was wohl daher kommt, dass man mit einem Siechen die Eigenschaft der Schlauheit verbindet, und die ist eben zweischneidig. »Du Krippl!« (Krüppel) ist hingegen eindeutig negativ gemeint. (Ein körperlich Behinderter wird übrigens nicht als Krüppel, sondern mit dem alten Wort »bresthaft« bezeichnet: »Der Mää ischt doch breschthaft.«)

Eine Frau kann als »Saumensch« oder als »Huramensch« beschimpft werden, und das gilt schon als recht unfein. Ist sie etwas dümmlich, schwer von Begriff, ist sie »a Blååtr« (Blatter, Blase), jammert sie zu viel herum, gilt sie als »Dräes« (von »dräesa«, was »ächzen, stöhnen« meint), ist sie körperlich aus den Fugen gegangen, nennt man sie »a Drucha« (eine Truhe). Das alles ist nicht gerade schmeichelhaft, aber doch halb so schlimm, als wenn sie als »a fauls Mensch« gilt. Faulheit ist nun einmal eine Eigenschaft, die von den Schwaben gar nicht geschätzt wird.

Fluchen sollte man zwar nicht, wenn etwas nicht läuft, wie man's gerne hätte, aber vor allem Männer tun's halt trotzdem. Als ein kleiner Bub eines Tages zornig wurde, weil ihm etwas misslang, und zu fluchen anfing, ermahnte ihn die Mutter: »Kind, du derfscht doch it fluecha!« Da meinte der Bengel: »Dr Vattr fluechet ao – und nå gåht's!« Die gewöhnlichsten Flüche sind »Sakrament!« oder »Herrgotts-Sakrament!«, oft abgekürzt zu »Herrgotts-Sak...«, spaßhaft auch als »Sack Zement!«. Man hört auch oft »Himmel, Heiland, Jesus!«, mit starker Betonung auf »Heiland«. Schon die Formulierungen verraten, dass es sich um katholische Flüche handelt. Fromme Protestanten, vor allem Pietisten, fluchen kaum; denn es gilt ihnen als sündhaft (was es ja auch ist).

Es gibt freilich auch andere Möglichkeiten, seinen Unmut auszudrücken: »Dr Deifl soll's holla, dees Huraglump, dees verreckte!« oder »Då soll doch glei dr Blitz nåeschlaga!« oder, wenn es sich um eine Person handelt: »Den soll dr Blitz beim Scheißa treffa!« Leute, die nicht so aufbrausend sind, schreien unter Umständen nur »Bluetsauerei!«. Mein gutmütiger Onkel Franz rief dagegen bisweilen aus: »Bluetige Hennakepf!«; die spaßhafte Variante deutete an, dass die Sache nicht so ernst gemeint war.

Während sich die Schwaben beim Schimpfen und Fluchen nicht besonders schwertun, fällt es den meisten nicht leicht, andere Leute zu loben oder ihnen Komplimente zu machen. Sie sind der Meinung, Komplimente seien eine Art von Lügen, und da sie ehrliche Leute sind, lügen sie nicht. Als sich einmal eine Bäuerin beklagte, sie gebe sich so viele Mühe mit dem Kochen, werde aber von ihrem Mann nie dafür gelobt, meinte dieser: »Nix gschwätzt ischt globet gnueg.« Das heißt im Klartext, wenn es ihm nicht schmeckte, würde er schon etwas sagen.

Man sollte diesen Aspekt freilich nicht verabsolutieren. Schwaben sind nicht so grantig, dass sie nicht ab und zu einmal nett zueinander wären. Wenn sich eine Frau über einen Kinderwagen beugt und sagt: »Ischt dees ɑ liebs Kendle!«, meint sie es im Allgemeinen ehrlich und will der Mutter des Kindes damit eine Freude machen. Und wenn jemand besonders gut angezogen ist und ein anderer anerkennend sagt: »Heit bischt abr wäh!«, so ist das auch so gemeint. – Als einmal Strickerbecks Großmutter im Alter von etwa 85 Jahren an einem sonnigen Tag vor dem Haus saß, kam ein ebenfalls ziemlich alter Bauer vorüber und sagte ihr, sie sehe immer noch gut aus. Da wehrte sie natürlich ab und meinte: »Oh mãẽ, ih bī doch ã-n-alts Weib.« Er aber erwiderte: »Mã siht's noh an de Scherbɑ, was ɑmål ɑ schẽs Häfele gsãẽ ischt!« (Man sieht's noch an den Scherben, was einmal ein schöner Topf gewesen ist.) Es ist das überzeugendste Kompliment, das man sich für eine so alte Frau denken kann.

Die kleinen Unterschiede

Zumindest in Oberschwaben gibt es eine ganze Reihe von Bezeichnungen für das Weinen, die keineswegs als Synonyme gebraucht werden. »Blära« (plärren) bezeichnet ein lautes Wehgeschrei, das sich mehr in Tönen als in Tränen kundtut; »heila« (heulen) wird oft als Synonym für »weinen« gebraucht, ist weniger lautstark als »blära«, aber doch deutlich hörbar; »heina« meint ein recht herzliches Weinen, das einen manchmal schüttelt, ohne dass man dabei in Geschrei ausbräche; »zenna« bedeutet Tränen vergießen, sei es vor tiefem Schmerz, sei es vor Rührung. Wenn jemand äußerlich ruhig dasteht, während ihm einfach die Tränen über die Wangen fließen, dann »zennet« er. Wenn dagegen ein Kind vor Zorn weint, wobei es stoßweise gequetschte Laute von sich gibt, so nennt man das »häcka« (häcken).

Nun weinen freilich auch die sensibelsten Schwaben nicht so viel, dass sie nicht auch noch auf andere Weise das überflüssige Wasser loswerden, also – wie heißt es doch gleich? – »urinieren« müssten. (Was für ein pompöses Wort für eine banale Sache!) Aber auch hier werden, wie beim Weinen, Unterschiede gemacht, und es ist nicht gleichgültig, wer sein Wasser lässt. Für Männer gilt eigentlich das uralte Wort »soicha« (mhd. seichen), doch halten es inzwischen viele für zu grob und wählen als Ersatz dafür »schiffa«. Man sagt also: »Ih mueß gschwind ge Schiffa gãõ.« Frauen verwenden traditionell das Wort »brunza« (mhd. brunzen), das vom Substantiv »Brunnen« abgeleitet ist. Der Zusammenhang leuchtet ohne weiteres ein. Bei Kindern dagegen heißt es »bisala«, was wohl eine Diminutivform von »pissen« darstellt. (Den Ausdruck »pissen« selbst gebraucht man nicht.) Manche Mütter verwenden ihren Kindern gegenüber auch die etwas vornehmeren Ausdrücke »a Brünnele macha« oder »Rolle macha«. Während das eine leicht verständlich ist, habe ich für das andere keine Erklärung gefunden. – Man könnte einwenden, dass da die Schwaben eine Allerweltsangelegenheit allzu sehr komplizieren, aber sie nehmen es eben in allen Dingen recht genau.

Sie würden auch einen kleinen Tümpel nicht »See« nennen. Als See wird grundsätzlich nur ein größeres und meist natürliches Gewässer bezeichnet, also der Bodensee, der Mindelsee, der Federsee, der Rohrsee. Kleinere Gewässer heißen »Weiher« (von lat. vivarium): Holzmühleweiher, Brunnenweiher, Stockweiher usw. Starke Karstquellen werden wie in der Schriftsprache als Quelltöpfe oder einfach Töpfe bezeichnet: der Aachtopf, der Blautopf. Tiefere Stellen in Flüssen und Bächen sind »Gumpa« (Gumpen); das niederdeutsche Wort »Kolk« ist unbekannt. Ganz kleine, nur kurzfristig nach Regenfällen auftretende Wasserflächen, also Pfützen, sind »Lacha«; das Wort ist stammverwandt mit lat. lacus. Es kann auch »Gülle, Jauche« meinen; die Güllengrube heißt deshalb auf schwäbisch »Lachaloch«.

Die Norddeutschen, bei denen die Kunst des Backens anscheinend noch etwas unterentwickelt ist, kennen nur Brot und Brötchen. Die Schwaben unterscheiden beim Brot grundsätzlich zwischen einem runden »Loib« (Laib) und einem langen »Kipf«. Die Brötchen heißen »Wecka« beziehungsweise »Wegga«, die traditionell entweder Milch- oder Wasserwecken sein können. Daneben gibt es natürlich »Brezga« (Brezeln) und »Seela«. Diese Seelen sind rund dreißig Zentimeter lang und dünn, dünner als Baguettes, und mit Kümmel und Salz bestreut und weisen wenig Ähnlichkeit mit jenen Salzstangen auf, die jetzt üblich sind. Ihren Namen haben sie von den zahlreichen Blasen, die sich in ihrem zähen Teig beim Backen bilden. – O schreckliche Ernüchterung: Eine Seele ist nichts als eine Luftblase in einem Gebäck!

In einem schwäbischen Haus gibt es traditionell keine »Zimmer«, denn entweder dient ein Raum zum Wohnen, und dann heißt er »Stube«, oder zum Schlafen, dann gilt er als »Kammer«. »Ih gang in mäē Kammr« bedeutet daher im Regelfall: Ich lege mich schlafen. Die Küche heißt »Kuche«, nicht zu verwechseln mit »Kuecha« (Kuchen). Eine »Kuchemagd« backt also keine Kuchen, sondern arbeitet in der Küche.

Zum Schlafen geht man grundsätzlich ins Bett. Wenn also jemand etwa am frühen Nachmittag in einem Sessel ein Nickerchen macht, so schläft er nicht, sondern »er nonet«. Das Wort »nona« stammt aus den Klöstern, wo die Mönche zwischen Mittagessen und Non ein Schläfchen halten durften. (Die Non ist ein Stundengebet nachmittags um drei, nach alter Zählung »um die neunte Stunde«.) Wer beim Schlafen laut schnarcht, der »säeget« (sägt), macht er weniger Geräusch, dann »rueslet« er nur.

Auch beim Liegen unterscheidet man verschiedene Formen: Neben dem ordentlichen Liegen kennt man das unordentliche, allzu lässige Stracken (verwandt mit dem Verb strecken) und das Flacken (flagga), das man mit »sich hinflegeln« übersetzen könnte. In meiner Heimat erzählte man sich dazu folgende Geschichte: In der Zeit des unrühmlichen »Dritten Reiches« musste wieder einmal geflaggt werden, weil irgendein NS-Feiertag war. Ein junges Paar, das den Tag sinnvoller zu genießen gedachte, zog keine Fahne auf, sondern schrieb nur auf einen Zettel hinter der Fensterscheibe: »Wir flaggen im Bett!« Jeder, der ihn las, begriff sofort schmunzelnd den Doppelsinn dieser Botschaft.

Schwäbisch in der Literatur

Es gibt bedeutende schwäbische Dichter, aber existiert auch so etwas wie eine schwäbische Literatur, das heißt Dichtung in dieser Sprache? Für das Mittelalter könnte man die Frage bejahen, denn das Mittelhochdeutsche basiert ohne Zweifel auf dem Schwäbisch-Alemannischen. Als der eigentliche Schöpfer dieser Literatursprache gilt Hartmann von Aue, nach heutiger Zuordnung ein Alemanne wie auch Gottfried von Straßburg, aber wie schon erwähnt, waren Schwäbisch und Alemannisch im Mittelalter noch eins.

In der Neuzeit benützen fast alle schwäbischen Dichter die Schriftsprache, nicht nur Schiller und Hölderlin, sondern auch so typische Schwaben wie Uhland, Mörike und Hermann Kurz. Daher finden sich in der Literatur meist nur schwäbische Einsprengsel, wie zum Beispiel in der Geschichte von den sieben Schwaben, welche die Brüder Grimm in ihre Märchensammlung aufgenommen haben. In unserem Zusammenhang sind dabei vor allem jene (vermeintlich) schwäbischen Verse interessant, die vor dem Angriff auf den Hasen zitiert werden:

Der Herr Schulz wollte den Spieß noch immer anhalten, der Veitli aber war hinten ganz mutig geworden, wollte losbrechen und rief:

»Stoß zu in aller Schwabe Name,
sonst wünsch i, daß ihr möcht erlahme.«

Aber der Hans wusst' ihn zu treffen und sprach:

»Beim Element, du hascht gut schwätze,
bischt stets der letscht beim Drachehetze.«

Der Michal rief:

»Es wird nit fehle um ein Haar,
so ischt es wohl der Teufel gar.«

Drauf kam an den Jungli die Reihe, der sprach:
»Ischt er es nit, so ischt's sei Muter
oder des Teufels Stiefbruder.«
Der Marli hatte da einen guten Gedanken und sagte zum Veitli:
»Gang, Veitli, gang, gang du voran,
i will dahinte vor di stahn.«
Der Veitli hörte aber nicht drauf, und der Jackli sagte:
»Der Schulz, der muß der erschte sei:
denn ihm gebührt die Ehr' allei.«
Da nahm sich der Herr Schulz ein Herz und sprach gravitätisch:
»So zieht denn herzhaft in den Streit,
hieran erkennt man tapfre Leut'.«

Das ist sozusagen klassisches Hochschwäbisch, eine ziemlich komische Mischung von Schriftdeutsch und echtem Schwäbisch. Zur zweiten Kategorie gehören der Imperativ »gang!«, die Aussprache »bischt, ischt, hascht, der erschte«, das »i« statt »ich« und die nasalierte Endung -en, die allerdings (nicht ganz richtig) als -e geschrieben wird: »erlahme, schwätze ...« »Stahn« hat zwar das schwäbische a, doch müsste man entweder »stãõ« oder »standɑ« schreiben; »nit« ist vielleicht eine Kompromissform zwischen »it« und »nicht«. Den Rest muss man als schriftdeutsch einstufen. Die Verse

»Potz, Veitli, lueg, lueg, was isch das?
Das Ungehüer ischt a Has«

klingen eher alemannisch als schwäbisch, wenn auch das Verb »luegɑ« (statt guckɑ) in Oberschwaben weit verbreitet ist. Aber »Ungehüer« ist eindeutig alemannisch, ebenso sind es die Namen Jergli, Marli und Veitli. Man merkt, dass die Grimms nicht genau zwischen Schwäbisch und Alemannisch unterscheiden.

Will man in der Literatur unverfälschtes Schwäbisch finden, muss man danach suchen; denn die Hauptschwierigkeit liegt darin, dass seine Phonetik (sein Lautsystem) so schwer wiederzugeben ist. Soweit ich sehe, hat sich Mörike am meisten darum bemüht, jedenfalls im »Stuttgarter Hutzelmännlein«, das zu den Perlen der schwäbischen Nationalliteratur gezählt werden muss.

Das Lied »Lieb' in den Tod« beginnt so:

»Uf^{a}m Kirchhof, am Chor,
Blüeht ^{a} Blo-Holder-Strauß
Do fleugt ^{a} weiß Täuble,
Vor's tag^a tuet, aus.

Es streicht wohl ^{a} Gäss^{a}le
Nieder und zwu^a,
Es fliegt mer ins Fenster,
Es kommt auf mi zu^a.«

Da man damals noch keine Lautschrift benutzte, behilft sich Mörike mit einem hochgestellten a, das sowohl für den Indifferenzlaut α als auch für ein nasales ã stehen kann. Sonstige Nasalierungen deutet er durch ein hochgestelltes n an. So hat er eine ganz praktikable Methode gefunden, allein mit lateinischen Buchstaben die schwäbischen Sonderlaute anzudeuten.

Ein hübsches Beispiel für Zitate aus der Mundart bietet auch folgende Passage: »Als sie nun eine Weile so, die große Ebene hinfahrend, beieinander saßen, fing der Bauer an: ›Mit Vergunst, i mu^{a}ß jetzt doch fürwitzig frog^a: gelt, Ihr sind g'wiß ^{a} Dreh^{a}r?‹ – ›Warum?‹ – ›Ei‹, sprach das Bäuerlein und sah auf des Gesellen Fuß, ›do der Kamrad arbeit't allfort, ma moi^{n}t, er müa^{a}ß äll mei' vier Räder trett^a!‹« – Wenig später heißt es: »›Ha‹, sprach der andere, ›sell ist gu^{a}t merk^a.‹«

Das alles ist sehr gutes Schwäbisch, wobei nur zu berücksichtigen wäre, dass »ist« natürlich mit sch gesprochen werden muss; aber für Mörike ist »sell« (das heißt: das) so selbstverständlich, dass er es nicht eigens notiert.

Einiges im »Stuttgarter Hutzelmännlein« ist auch schwäbisch, obwohl es in schriftdeutschem Gewand daherkommt, so
die gereimte Antwort des Abts:

>*Es ist mir ein Wildschwein im Wald verkommen,*
Vor dem hab ich Reißaus genommen;
Ich rannte sehr und schwitzet' baß,
Davon ward wohl mein Käpplein so naß.«

»Verkommen« steht hier im Sinn von »begegnen«, wie es im
Dialekt gebraucht wird; »baß« ist die alte Steigerungsform von
»wohl«, dem Adverb zu »gut«.

Dergleichen schwäbische Ausdrücke finden sich im Text
häufig. Weil nun Mörike aber wusste, dass man sein Schwäbisch
anderswo in Deutschland nicht verstehen würde, fügte er selber
seiner Erzählung mehr als zehn Druckseiten Anmerkungen hinzu, die einen hübschen Einblick in die Stuttgarter Mundart zu
jener Zeit erlauben. Hier nur eine kleine Auswahl davon:

Aberschanz *das Hintere*
Alfanz *Gewinn, Vorteil*
bärig *kaum*
dattern *dottern, zittern. (engl. to tottar)*
Datte *Vater (Kindersprache)*
Döte *männlicher-, Dot, Dote, weiblicher Taufpate*
fernd *voriges Jahr*
glusam *mäßig erwärmt (auch in moralischer Bedeutung: stillen*
   Charakters)
gottig, gotzig, gotteseinzig *einzig*
Grättlein *kleiner Korb*
Grind *pöbelhaft für Kopf*
g'rutzelt voll *sehr voll*
Guckigauch *Guckuck*
Gumpen (der) *gewöhnlich nur eine vertiefte Stelle auf dem*
   Grunde des Wassers

irrsch *nicht recht bei sich*

Jäst *Jast, Gärung, aufbrausender Zorn*

Kandel *Rinne, Abzugskanal*

knappen *hinken*

Knegler *einer, der stark durch die Nase redet*

Kräben *Tragkorb*

Mille *Mil, Milch; ulmisch*

Nachthüehle *Nachthuhn, Käuzlein*

der wirtembergisch Niemez *(Niemer, Niemand), einer, der so
viel als nichts ist, kein Gewerbe versteht oder treibt*

Öhrn *Hausflur*

Scheurenburzler *Landstreicher, Zigeuner, der in Scheunen auf
dem Lande das Nachtlager zu nehmen pflegt*

der Siedig *der Angstschweiß*

Sotterer *ein siecher Mensch; von sottern, kränkeln; mit Sucht
verwandt*

Urdrutz *Urdruss, Widerwille gegen eine Speise, an welcher man
sich übergessen hat*

Wasen *Rasen, Anger*

Werr *Erdkrebs, ein den Fruchtfeldern schädliches großes Insekt
(Maulwurfsgrille!)*

Zochen *Docht*

Manches dieser Wörter ist wohl nicht mehr im Gebrauch,
wie auch das »Hutzelmännlein« in den württembergischen
Schulen kaum noch gelesen wird. Aber Mörike gilt doch (neben Uhland) immer noch als eine Art schwäbischer Natio-
naldichter. Dagegen ist ein anderer Autor, der freilich schon
im 18. Jahrhundert geschrieben hat, weitgehend in Verges-
senheit geraten, nämlich Sebastian Sailer (1714–1777), gebür-
tig aus Weißenhorn bei Ulm, Prämonstratenser im Kloster
Obermarchtal, der Volksschwänke verfasst und biblische Geschichten dramatisiert hat, und zwar auf schwäbisch. Er gilt

nicht zu unrecht als der bedeutendste oberschwäbische Dialektdichter.

Hier eine Szene aus der Schöpfungsgeschichte, in der Adam kurz nach seiner Erschaffung von Gott ins Paradies versetzt wird:

Gott Vater: *Aber jetz ischt as Zeit,*
richt di, Kerle! Mar weand gau noh weit.
Gieb mar dein Kopf,
i nimm di beym Schopf.
Ins Paradeis will i di füehra,
zu Zwetschga, Pflomma, Zipara, Aepfel und Biera.

Adam: *Um tausad Gotts willa, i fluig wie a Balla.*
Gott Vatter, i bittana laud mi itt falla.

Gott Vater: *Druck d' Auga zua, thua itt so schreya.*

Adam: *As g'schwindlet mar oimohl, i moi i müeß speya.*
Wo bleibat mar huit über Nacht?
Dös Fliega älz trimmlig mi macht.
I wears wohl verpfinda in äll meine Glieder.

Gott Vater: *Häb nu koi so Weasa, i setz di bald nieder.*
Gugg, in seallam scheana Gata
thuat lauter guat Leaba uf di dötta wata.
Voar Beatläuta noh send mar dott.

Adam: *Gottsnama so tragat mi fott.*

Gott Vater: *Noh bälder, noh bälder, grad eaba jetz glei.*
O Odam! Du bischt jo fascht schwerer as Bley.

Adam: *I bittana deand mi alada,*
doch aber ällz g'mächlichs, suscht möcht as mar schada.

Gott Vater: *Gugg, Odam! Dös ischt's Paradeis;*
do nei thue i di setza mit Fleiß.

Adam: *Jo oimohl do hinna geits bessere Windla,*
dia Böhmla staund do jo, so grad as wia d'Spindla,

dia Vögala singet vil netter.
Obbs, Bluema und Kräutla seand au do weit fetter.
Allui ois ischt, dös i itt woiß:
seand mir noh im schwäbischa Krois?
(nach: Sebastian Sailers Schriften im schwäbischen Dialekte,
Konrad Verlag, Weißenhorn 2000)

Man erschrickt fast vor der urwüchsigen Gewalt und dem baro-
cken Überschwang dieser Sprache, die vor zweihundertfünfzig
Jahren offenbar noch so selbstverständlich war, dass sie nicht nur
gesprochen, sondern auch geschrieben wurde. Vergleicht man
sie mit dem blutleeren Geschwätz, das man jetzt so oft zu hören
bekommt, kann man nur hoffen, dass wenigstens die Schwaben
der allgemeinen Dekadenz der europäischen Sprachen noch eine
geraume Weile widerstehen werden.

Echtes und Pseudo-Schwäbisch

Bei manchen Leuten gilt das Lied von den schwäbischen Eisenbahnen als eine Art schwäbischer Nationalhymne. Schaut man sich jedoch den Text genauer an, stellt man leicht fest, dass sein Idiom alles Mögliche sein mag, aber bestimmt kein Schwäbisch. Schon die erste Strophe beginnt mit einem kläglichen Reimversuch, bei dem nicht einmal eine Assonanz zustande kommt:

»*Auf de schwäbische Eisebahna*
gibt es viele Haltstationa ...«

In der zweiten findet sich dann überraschenderweise doch ein schwäbischer Reim:

»*... wo ma essa, trinka ka,*
alles, was der Maga ma.«

Man müsste natürlich »kää« und »mää« schreiben, aber dass »er mag« als »er mää« gesprochen wird, ist richtig gehört.

In der 3. oder 4. Strophe (je nach Liederbuch) heißt es:

»*Auf de schwäbische Eisebahna*
könne alle Leut mitfahra ...«

Hier stört vor allem das »könne«; das mindeste wäre »könnet«, besser noch »kennet«, jedenfalls müsste die Endung -et sein.

In der folgenden Strophe bricht endgültig das Chaos aus. Ein altes Liederbuch (6. Auflage 1912) schreibt:

»*Auf de schwäbische Eisebahna*
wollt' amol a Bäu'rle fahra,
gaht an Schalter, lupft da Huat,
A Billet gent mer, sind's so gut!«

Ein neueres Buch (von 1990) schreibt:

»*Auf de schwäb'sche Eisebahne*
wollt amal a Bäurle fahre,

geht am Schalter, lüpft de Hut:
Oi Bilettle, seid so gut!«

Das ist so grausam, dass es einem glatt die Plomben aus den Zähnen zieht, wenn man es so singt. Das ältere Buch weiß wenigstens noch, dass es »gaht«, nicht »geht« heißen muss, aber beide schreiben »wollt«, ein Präteritum, das es im Schwäbischen nicht gibt. »Lüpft« statt »lupft« ist ein Witz, aber ein schlechter. Dergleichen Grausamkeiten werden allenfalls noch durch den Beginn der nächsten Strophe überboten:

»Einen Bock hat er sich kaufet ...«

Richtig wäre: »An Bock hât-r kaoft«, was aber nicht ins Versschema passte.

Genug davon! Jeder Schwabe weiß, dass das ganze Lied ein rechter Blödsinn ist, aber schlimm ist, dass Fremde die Schwaben gerade nach solchem Blödsinn beurteilen. Ein anderes Beispiel dieser Art ist:

»Schaffe, spare, Häusle baue,
und net nach de Mädle schaue ...«,

ein Lied, das man in letzter Zeit zum Glück kaum noch hört. Erstens reimt sich »baua« nicht auf »schaoa«, und zweitens gibt es das Verb »schauen« im Schwäbischen gar nicht; es ist bayrisch.

In all diesen ungeschlachten Reimversuchen zeigt sich das Bemühen, im Dialekt zu schreiben, obwohl man ihn nicht beherrscht. Ungefähr das Gegenteil davon, nämlich den vergeblichen Versuch eines Schwaben, die Hochsprache zu verwenden, karikiert der bekannte Spruch: »Ich habe mir die hochdeutsche Sprache so angewöhnt, dass-e se nomma lãõ kã« (dass ich sie nicht mehr lassen kann).

Nun fällt es freilich jedem schwer, diesen Dialekt zu schreiben, weil es einfach keine befriedigende und allgemein anerkannte Umschrift dafür gibt, aber dass man ein paar schwäbische Sprachbrocken mit schlechtem Deutsch mischt, ist dennoch ungenießbar. Zum Glück gibt es Gegenbeispiele, die aber nie für »das Schwäbische« stehen können, das es nicht gibt, sondern immer nur für eine Ortsmundart oder einen Regionaldialekt. Da sieht die Sache dann gleich ganz anders aus, so bei Sebastian Blau:

> »s Taschespiagele
> Mir Schwobè häbe bei aòs Schwobè,
> so haört mà-n-oft, en Stoà em Brett. –
> Ja no, mir müßt aòs selber lobè,
> de Andre tends jo et.«

Das ist schwäbisch, wenn auch die Schreibung teilweise an die Schriftsprache angelehnt ist. Man erkennt, dass es sich um einen westschwäbischen Dialekt handeln muss, da »uns« als »aòs« erscheint und »Stein« als »Stoà«, und tatsächlich stammt Sebastian Blau (bürgerlich: Josef Eberle) aus Rottenburg am Neckar. Er hat eine wirklich bedeutende und amüsante schwäbische Lyrik produziert, wie das Beispiel vom heiligen Nepomuk beweist.

Als Beispiel guter volkstümlicher Lyrik soll hier noch ein kleines Lied vorgestellt werden, das einst die Stuttgarterinnen ihren kleinen Kindern vorsangen, während sie diese auf ihren Knien hopsen ließen:

> »Hoppe, hoppe, Rössle,
> in Stuegert stoht a Schlössle,
> in Stuegert stoht a Herrehaus,
> gucket drei schöne Jungfere raus.
> Die erscht, die spinnt Seide,
> die zweit, die schlemmt Kreide,
> die dritt wibt a Windele
> für unser herzigs Kindele.«

Wenn man die ö als e und die ü als i liest sowie ai als oi, kommt man dem Stuttgarter Dialekt schon recht nahe. (Ich selbst habe als Kind dieses Lied so von meiner Mutter gehört.)

Für die üble Zeit des Spätwinters, wo das Wetter nicht recht weiß, was es tun soll, gelten die Verse:

>*Es rengelet, es schneielet, ond d' Baura fihret Mischt,*
so hocket uff de Wage nauf ond schreiet hott! ond wischt!«

Ganz nebenbei lässt sich daraus entnehmen, dass die Frage »hüh oder hott?« unsinnig ist, denn der Gegensatz zu »hott« (rechts) ist »wist«, schwäbisch »wischt« (links), der Gegensatz zu »hüh« jedoch »oha« oder (bei Pferden) »brrr«.

Württemberg ist nicht Schwaben – und umgekehrt

Das Bild, das die Schwaben in der Welt abgeben, wird seit langem überwiegend von den Württembergern bestimmt, genauer gesagt, von den Alt-Württembergern, das heißt jenen, die schon vor Napoleon zum Herzogtum Württemberg gehört haben. Dieses Herzogtum (seit 1495) war aus einer Grafschaft am mittleren Neckar hervorgegangen, welche einerseits davon profitierte, dass es seit der Stauferzeit kein eigenständiges Herzogtum Schwaben mehr gab, andrerseits davon, dass im späten Mittelalter in der Nachbarschaft eine Reihe von Adelsfamilien ausstarb, die man beerben konnte, so die Herzöge von Teck, die Pfalzgrafen von Tübingen, die Grafen von Hohenberg und die von Helfenstein. So kam bis zum Ende des Mittelalters ein hübsches Territorium zusammen, das den Neckar entlang von Tübingen bis Lauffen reichte, im Westen bis auf den Kniebis im Schwarzwald, im Osten an die Limpurger Berge und im Süden auf die mittlere Alb. Dazu kamen die Grafschaft Horburg im Elsass und die bedeutende Grafschaft Montbéliard in Burgund, die auf schwäbisch Mömpelgard hieß und rund 400 Jahre lang, nämlich von 1409 bis 1796/1801 württembergisch war. Der Grund war, dass Eberhard IV. (1417 bis 1419) mit Henriette von Mömpelgard verheiratet war, die als Erbtochter die Grafschaft mit in die Ehe brachte.

So vereinigte also das alte Württemberg Schwaben, Franken, Elsässer und Burgunder und war damit alles andere als ein rein schwäbisches Territorium. Freilich dürfte es keine nennenswerten Bevölkerungsbewegungen aus dem Elsass und aus Mömpelgard gegeben haben, eher umgekehrt, aber im nördlichen Teil der Stammlande lebten nun einmal Franken, die sich im Laufe der Jahrhunderte mit den Schwaben vermischten, was auch zu einer Sprachmischung führte. Was nun also heutzutage von den Stuttgartern der Welt als Schwäbisch verkauft wird, ist in vielem ein recht zweifelhafter Mischdialekt und keineswegs typisch für den großen Rest Schwabens. »Mir möchtet gern noh a bissle Sößle derzue« kann in anderen Landesteilen nur ein mitleidiges Schmunzeln hervorrufen.

Nun wurde freilich das schwäbische Element Württembergs dadurch gestärkt, dass im Zuge der napoleonischen Flurbereinigung Oberschwaben hinzukam. Da aber mit Hohenlohe, Mergentheim, Hall und Teilen der Markgrafschaft Ansbach auch fränkische Gebiete eingemeindet wurden, dürfte sich an den vorigen schwäbisch-fränkischen Proportionen nicht viel geändert haben. Im Übrigen haben sich die Oberschwaben, die vorher zur Oberen und Unteren Landvogtei Schwaben und zur Grafschaft Waldburg gehört hatten oder reichsfrei waren, lange Zeit überhaupt nicht als Württemberger gefühlt – manche bis heute nicht! Der Hauptgrund dürfte gewesen sein, dass sie im Gegensatz zu Alt-Württemberg durchweg katholisch waren und sich ungern einer evangelischen Landesherrschaft unterwarfen.

Man kann es übrigens hören, ob einer katholisch oder evangelisch ist. Falls Sie einen Schwaben treffen, der »Sääle« sagt oder »Lährer« oder »ewiges Lääben«, können sie darauf wetten, dass er Protestant ist oder zumindest aus einer protestantischen Gegend stammt. Katholiken sagen: »Seel«, »Lehrer« und »ewigs Läeba«. Der Grund dafür, dass Protestanten hier anders sprechen, liegt sicherlich darin, dass die ersten Prediger der neuen Lehre im 16. Jahrhundert gewöhnlich aus Sachsen und Thüringen kamen, wo dieses aufdringliche lange ä weit verbreitet ist. Dem schwäbischen Lautstand entspricht es jedenfalls nicht. (Im West- und Mittelschwäbischen müsste es statt Seele »Sail« heißen!)

Die Schwaben zwischen Iller und Lech, Ries und Allgäu kennen dieses Problem kaum. Zwar kamen sie nach 1800 unter bayrische Fremdherrschaft, doch waren (und sind) die Bayern wenigstens katholisch, sodass zumindest auf religiösem Gebiet die Integration keine Schwierigkeiten machte. Das ganze Alpenvorland von Konstanz bis Wien hat ja eine ziemlich einheitliche keltisch-germanisch-katholisch-barocke Kultur, sodass es hier zweitrangig ist, zu welchem Staat man zufällig gehört.

Der langen Rede kurzer Sinn: Württemberg ist nicht mit Schwaben identisch, und das aus zwei Gründen: Erstens umfasst Württemberg auch umfangreiche fränkische und (nördlich des Bodensees) kleinere alemannische Gebiete, und zweitens lebt ein bedeutender Teil des schwäbischen Stammes außerhalb der Landesgrenzen, nämlich im bayrischen Regierungsbezirk Schwaben.

Das Ulkige an dieser Trennung ist nun, dass viele Württemberger die Leute östlich der Iller, insbesondere die Allgäuer, für Bayern halten. Umgekehrt herrscht bei vielen bayrischen Schwaben die Meinung vor, die Leute westlich der Iller seien keine Schwaben, sondern Württemberger. Hier haben die Landesgrenzen im Laufe der Jahrhunderte eben doch zu einer gewissen Entfremdung geführt und das schwäbische Nationalbewusstsein beeinträchtigt.

Vom schwäbischen Nationalcharakter

Gibt es ein Volk auf der weiten Welt, das seinen eigenen Namen ohne Not mit irgendeinem Ungeziefer teilte? O ja, zumindest eines: die Schwaben! Die nennen nämlich die Küchenschaben, die früher ihre alten Häuser bevölkerten, ohne Wimperzucken einfach »Schwåba«, also »Schwaben«. Wenn also jemand sagt: »Mir hond ao Schwåba im Haus«, bezieht sich das keineswegs auf menschliche Mitbewohner, sondern auf eben jene Küchenschaben, die im Norden mit dem schauerlichen Namen »Kakerlaken« belegt werden. Man wird daraus wohl schließen dürfen, dass die Schwaben über eine ordentliche Portion Selbstironie verfügen, sonst könnten sie ja nicht so verfahren.

»Wenn noo alle Leit so wäret wie-n-ih ...« pflegt man zu sagen, um nach einer kurzen Pause verschmitzt hinzuzufügen: »... säē sott!« (sein sollte). Die ursprüngliche Aussage wird dadurch nicht nur relativiert, sondern geradezu in ihr Gegenteil verkehrt; denn erstens gesteht man ein, dass man auch nicht so ist, wie man sein sollte, und zweitens erwartet man eben deshalb auch gar nicht, dass andere so wären, wie man selber ist. Dieser beliebte Spruch bestätigt also die obige Vermutung, dass die Schwaben sich selbst nicht gar so wichtig nehmen.

Sie sind humorvoller, als mancher Außenstehende meint, nur ist es oft ein hintersinniger Humor, den man recht verstehen muss. Stellen wir uns einmal folgende Szene vor: Ein Heimwerker versucht eine Schraube anzuziehen; da er meint, sie säße noch nicht fest genug, zieht er noch einmal kräftig an und reißt das Gewinde durch. Man erwartet vielleicht, dass er fluchte, aber er sagt nur: »Etz hommer's näbrächt ...« und ergänzt nach einer kleinen Pause: »... 's Fidla an Schleifstōē!« (... den Hintern an den Schleifstein!) Diese Art, ein Missgeschick zu kommentieren, ist typisch: Der erste Teil erweckt den Anschein, die Aktion sei gelungen, bevor der zweite klarmacht, dass es ein kleines Malheur gegeben hat, über das man lachen kann. Das Leben muss ja nicht immer gleich tragisch genommen werden!

Ähnlich reagiert man, wenn man ein Brett oder eine Latte versägt hat. Erst ist das Stück Holz zu lang, sodass man es absägen muss, dann, nachdem man es gekürzt hat, stellt man fest, dass es jetzt zu kurz ist. Der dazu fällige Kommentar lautet: »Zwoimål aagsäeget – ond noh z'kurz!« Der Witz beruht einerseits auf der Übertreibung, denn man sagt immer »zweimal«, auch wenn man nur einmal gekürzt hat, andrerseits auf dem stark betonten »noh« (noch), welches nahelegt, das Stück sei vorher schon zu kurz gewesen – und immer noch zu kurz! Die Verhältnisse werden also (sprachlich) glatt auf den Kopf gestellt, was gewöhnlich mit Gelächter quittiert wird.

Das Liebenswürdige an solchen Kommentaren ist, dass sie von eben dem abgegeben werden, der den Fehler gemacht hat. Hier kritisiert nicht ein Mensch den andern, sondern jemand macht sich über sich selbst lustig und kommt dabei anstandslos über eine an sich peinliche Situation hinweg. Dabei müssen die andern natürlich mitspielen, was voraussetzt, dass sie den Witz überhaupt verstehen. Wenn Schwaben unter sich sind, ist das kein Problem, allenfalls »Andersdenkende« gucken da vielleicht dumm.

Wenn Schwaben etwas gar nicht leiden können, ist es Großspurigkeit, Aufgeblasenheit, das heißt wenn jemand daherkommt »wie zea nackede Neger«. (Man darf das nicht rassistisch verstehen, bezieht es sich doch meist auf die sehr germanischen Vertreter des Nordens.) Wenn also irgendein eingebildeter Mensch aufkreuzt – »Herr, was bin ich, was kann ich noch werden!« – und das Maul aufreißt, so hat er's bei ihnen schon verschissen. Schwaben können zwar sehr direkt sein, was ihnen oft als Grobheit ausgelegt wird, aber gackern, ohne zu legen, zählt bei ihnen nicht. Ein Mensch soll beweisen, was er kann, und sich im Übrigen zurückhalten.

Schwaben sind (modern gesprochen) leistungsorientiert. Sie lieben keine unnötigen Umstände, und wenn sie etwas anpacken, wollen sie's auch zu Ende bringen. Ob sie wirklich so arbeitswütig sind, wie sie oft dargestellt werden, darf man bezweifeln; denn sie haben's auch gern gemütlich. Einer meiner Bekannten, ein gebürtiger Ulmer, behauptet sogar, sie schafften nur deshalb so energisch, weil sie die Arbeit im Grunde ihres Herzens hassten. Sie wollten sie also nur so schnell wie möglich hinter sich bringen. Dabei kann es ihnen freilich passieren, dass sie, kaum dass sie mit einer Arbeit fertiggeworden sind, schon die nächste vor sich sehen und gleich weitermachen. Im Gegensatz zu den Spaniern, die der Meinung sind, der beste Zeitpunkt für eine schwierige Arbeit sei immer morgen, halten sie sich an den bekannten Grundsatz: Was du heute kannst besorgen, das verschiebe nicht auf morgen.

Man behauptet von ihnen, sie seien sparsam, um nicht zu sagen, knauserig, also Pfennigfuchser. Aber damit verhält es sich ähnlich wie mit dem sprichwörtlichen Geiz der Schotten. Ein Kenner ihrer Verhältnisse hat einmal klargestellt, die Schotten seien noch nie geizig gewesen, aber meist arm. So ungefähr steht es auch um die Sparsamkeit der Schwaben. Man darf ja nicht vergessen, dass die meisten Leute hier bis weit ins 19. Jahrhundert hinein bitterarm waren. Das kam nicht zuletzt daher, dass (zumindest in Alt-Württemberg) Erbteilung galt, was dazu führte, dass die Äcker von Generation zu Generation immer kleiner wurden, bis sie einfach keine Familie mehr ernähren konnten. Das ist der Hauptgrund, weshalb man im Schwarzwald mit der Uhrmacherei anfing und auf der Alb mit Flachs- und Wollweberei und am Neckar dann mit Maschinenbau, den die schwäbischen Tüftler bald zur Perfektion entwickelten, was ihnen beziehungsweise ihren Firmen schließlich sogar Weltgeltung einbrachte. Das alles hat sich nicht so einfach und ohne Not ergeben; die Leute waren praktisch gezwungen, sich neue Erwerbsquellen zu erschließen, aber sie hatten offenbar auch die Begabung dazu, aus der Not eine Tugend zu machen.

Trotz ihrer beachtlichen Erfolge sind die meisten Schwaben die biederen Leute geblieben, als die sie traditionell gelten. Sie werden nicht gleich größenwahnsinnig, wenn sie Erfolg haben, halten es vielmehr für selbstverständlich, dass man sein Bestes gibt und nicht gar zu viel Aufhebens davon macht. Sie bleiben bescheiden und gehen davon aus, dass man die ersten Ansprüche immer an sich selber zu stellen hat und deshalb von andern nicht mehr erwarten soll, als man selber zu leisten bereit ist. Das ist eine sehr konservative Einstellung, aber sie hat sich bisher immer bewährt.

Vielleicht sind die Schwaben dadurch ein bisschen langweilig, jedenfalls nicht so lebenslustig wie Pfälzer oder Rheinländer, nicht so deftig und vital wie Bayern. Es soll Leute geben, welche Stuttgart für die langweiligste Großstadt Deutschlands halten, aber dafür gibt's in Frankfurt, Köln oder Berlin eine Art von »Kurzweil«, auf die man in Schwaben gerne verzichtet. Hier liebt man die Bodenständigkeit, die, wenn man sie übertreibt, freilich auch in Sturheit ausarten kann, und wahrscheinlich sind die Schwaben sturer als die durchweg beweglicheren Franken. Bei denen weiß man dafür oft nicht recht, woran man ist. Ein bekannter Hohenloher Spruch lautet: »Ih sooch net sou und sooch net sou, dass neamad soocha kou, ih hett sou oder sou gsocht.« (Ich sage nicht so und sage nicht so, damit niemand sagen kann, ich hätte so oder so gesagt.) Für Schwaben ist das in jeder Beziehung unverständlich. Sie sagen oft allzu deutlich, was sie denken, wobei sie ihre unerwünschte Meinungsäußerung bisweilen mit der Floskel einleiten: »Es gäht me jä nix ä, abr ih mōē halt doch, ...« Dass sie damit öfters ins Fettnäpfchen treten, ist wohl unvermeidlich.

Nimmt man die Geschichte von den sieben Schwaben als Maßstab dafür, was andere von ihnen halten, muss man sie für dümmlich und feige ansehen. Aber der württembergische Wappenspruch lautet: »Furchtlos und trew« (treu). Was nun, wo doch eins dem andern widerspricht? Tatsache ist, dass sowohl die Herzöge von Schwaben als auch später die von Württemberg die Reichssturmfahne führten (die deshalb auch im württembergischen Wappen erscheint). Das bedeutete, dass sie in einer Schlacht des Reichsheeres immer im ersten Treffen, also in vorderster Front standen. Das war sehr ehrenvoll und sehr gefährlich, nicht selten tödlich. Aber es wird doch wohl niemand annehmen, dass man dafür hätte Feiglinge gebrauchen können. Vielleicht geht die Sage von den dummen Schwaben ja eben darauf zurück, dass sie so dumm waren, wenn's drauf ankam, als erste den Kopf hinzuhalten. Eines lässt sich aus der Geschichte jedenfalls ableiten, dass sie von der Römerzeit angefangen bis zu den Weltkriegen des 20. Jahrhunderts durchweg als tapfere Soldaten gegolten haben, sodass das Stichwort »furchtlos« im württembergischen Wappen keine leere Phrase sein kann.

Aber wie steht es mit der Treue? Da gibt es eine merkwürdige Geschichte aus sehr alter Zeit, die es wert ist, hier erzählt zu werden: Seit Konstantin dem Großen (307–337) gehörten alemannische Offiziere zu den wichtigsten militärischen Stützen dieses Kaiserhauses. Ein besonders enges Verhältnis zu den Alemannen wurde seinem Sohn Constantius II. (337–361) nachgesagt, unter dem der Alemanne Agilo sogar zum Heermeister (magister peditum), das heißt zum Oberbefehlshaber der Fußtruppen aufstieg. Obwohl nun Julian, der Vetter des Constantius, seit 355 militärisch gegen die Alemannen vorging und ihnen 357 bei Straßburg eine böse Niederlage beibrachte, bewahrten jene weiterhin ihre Anhänglichkeit an Constantius.

Als nach dem Tod Julians (363) der pannonische Offizier Valentinian (364–375) zum Kaiser ausgerufen wurde, kam es alsbald zum Zerwürfnis mit ihm, nicht zuletzt, weil sie immer noch dem alten Kaiserhaus anhingen. Valentinian machte nun seinen Bruder Valens zum Mitkaiser und überließ ihm das Ostreich. Aber es gab noch einen letzten Vertreter des konstantinischen Hauses, Prokopius, der sich gegen Valens erhob. Die (von Julian abgesetzten) alemannischen Generäle Agilo und Gomoar boten sich ihm sogleich als Feldherrn an und führten seine Truppen, darunter viele Alemannen. Leider gelang es ihnen nicht, Prokop zu seinem Recht zu verhelfen. Valens siegte und ließ sie hinrichten.

Diese Geschichte scheint mir eine seltsame und manchmal fatale Eigenschaft der Schwaben zu exemplifizieren: Sie sind imstande, sich selbst für eine aussichtslose Sache zu opfern, wenn sie der Überzeugung sind, dass sie gerecht sei. Es ist eine Art von Idealismus, den nicht alle Völker pflegen, der aber bei ihnen durch die Zeiten lebendig geblieben ist und schließlich in den Dramen und Gedichten Schillers seinen vollendeten poetischen Ausdruck gefunden hat.

Ganz zuletzt, im Jahr 1918, haben die Schwaben ihre althergebrachte Treue aber dann doch verraten. Anstatt ihrem demokratisch gesinnten und volksnahen König Wilhelm gegen den dahergelaufenen Pöbel der Revoluzzer beizustehen, rührten die Stuttgarter keinen Finger für ihn und zwangen ihn so durch schiere Passivität zur Abdankung. Wilhelm verzieh ihnen diesen Verrat nicht und setzte zeit seines Lebens nie mehr einen Fuß in die von ihm einst so geliebte Stadt.

Vielleicht sind die Schwaben halt doch nicht viel anders als andere Leute, wahrscheinlich verkörpern sie nur die deutschen Tugenden und Untugenden ein wenig markanter als andere Stämme. Daher kommt es wohl auch, dass sie von diesen teils ebenso geachtet, teils verleumdet und verspottet werden wie die Deutschen insgesamt von ihren europäischen Nachbarn. In den Augen der Franzosen sind ja ohnehin alle Deutschen »allemands«, das heißt Schwaben, die – pathetisch gesprochen – vielleicht die Deutschesten aller Deutschen sind. Ich weiß, die Preußen haben das auch einmal von sich gemeint und sind damit auf die Nase gefallen. Also lassen wir's auf sich beruhen! Den verlockenden Gedanken, der erste der deutschen Stämme zu sein, haben wir schon mit den letzten Staufern begraben, und das ist bekanntlich eine Weile her.

Von der schwäbischen Dummheit

Vor Jahrzehnten besuchte ich einmal mit meiner Frau Venedig. Da wir uns eine teure Gondel nicht leisten wollten, fuhren wir mit dem Vaporetto. Wir unterhielten uns in aller Gemütsruhe auf schwäbisch, was bestimmt keinen Italiener störte. Unglücklicherweise stand aber in unserer Nähe ein Ehepaar aus dem tiefen Norden, dem unsere Sprache so sehr zuwider war, dass die Dame in kurzem in die Worte ausbrach: »Schon wieder diese dummen Schwaben!« Dabei sprach sie absichtlich so laut, dass wir es hören mussten. Widersinnig an ihrer Aussage war das »schon wieder«, da wir uns vorher noch gar nicht begegnet waren.

Letzten Sommer in der Bretagne schauten wir uns die großen Menhire von Erdeven an; es war ein schöner, sonniger Herbsttag, und unter den Besuchern, meist Franzosen, fand sich auch eine deutsche Familie. Nachdem wir uns kurze Zeit in deren Nähe aufgehalten hatten, mokierte sich das Töchterchen über uns, und die Mutter fragte: »Stört es dich, dass andere Deutsche hier sind?« »Nein«, antwortete diese, »aber Schwaben!« – Voilà, Schwaben unerwünscht! Vielleicht, dachte ich mir, sollten die norddeutschen Herrschaften einen Antrag bei der bretonischen Fremdenverkehrsbehörde stellen, sie möchte an ihren archäologischen Stätten Hinweisschilder anbringen lassen:

Mit Rücksicht auf unsere werten norddeutschen Gäste ist hier der
Zutritt für Schwaben nicht gestattet!

In Berlin las ich in den Jahren nach der Wende an einen der zahlreichen Bauzäune groß hingesprüht die Parole: »Türken und Schwaben raus!« Daran könnten sich ja die Bretonen ein

Beispiel nehmen. Ungeklärt bliebe dabei freilich die Frage, warum ausgerechnet den Schwaben vonseiten anderer deutscher Stämme so viel Ablehnung und Verachtung entgegenschlägt. Sind die Schwaben so dumm, oder verhalten sie sich nur so ungeschickt? – Vielleicht bieten einige Blicke in die Geschichte Ansätze zur Beantwortung dieser Frage.

Den ersten Versuch, in die Weltgeschichte einzugreifen, wagten die Schwaben im Jahr 58 v. Chr. Auf der Suche nach neuem Siedlungsland drangen sie damals unter ihrem Anführer Ariovist vom Oberrhein her durch die Burgundische Pforte in Richtung Gallien vor und stießen dabei auf die Römer, die auch gerade dabei waren, sich dort breitzumachen. Dummerweise hieß der Anführer der Römer Gaius Julius Caesar, und man kann es nun, von hinterher betrachtet, schon als ausgemachte Dummheit ansehen, sich ausgerechnet mit diesem Kerl anzulegen. Aber, werte Zeitgenossen, hatte denn Ariovist überhaupt eine Wahl? Sein Gegner in Gallien war nun einmal Caesar; er konnte sich keinen andern aussuchen. Da hätte er allenfalls einen Rückzieher machen können, aber es liegt nicht in der Natur der Schwaben, eine Sache ohne Not einfach aufzugeben. Ariovist und seine Leute kämpften im Sundgau gegen die Römer – und verloren.

Machen wir nun einen Sprung von einem halben Jahrtausend zu einer ganz ähnlichen Geschichte: Im Laufe des 5. Jahrhunderts hatten sich die Franken von ihren Stammsitzen am Niederrhein her nach Nordgallien ausgebreitet und durch den Sieg über den römischen Dux Syagrius (anno 486) eine komplette römische Provinz hinzugewonnen, deren Verwaltung sie übernahmen, was sie ipso facto zu einem fortschrittlichen Staatswesen werden ließ. Zur gleichen Zeit aber hatten sich im Südwesten Germaniens die Schwaben beziehungsweise Alemannen etabliert und beherrschten ein großes Gebiet vom Elsass und der Schweiz über das Oberrhein-, Neckar- und Maingebiet bis nach Thüringen. Als nun die Schwaben ihren Einfluss durch das Mittelrheintal nach Norden auszudehnen versuchten, riefen die dortigen fränkischen Kleinfürsten sogleich ihren großen Bruder zu Hilfe, den Herrn Chlodwig. Mit dem war nicht gut Kirschen essen, und das sollten die Schwaben bald merken. Warum sie bis nach Zülpich am Niederrhein vordrangen, erscheint den Historikern bis heute ein Rätsel, aber jedenfalls kam es dort anno 496 oder 497 – genauer weiß man's nicht – zu jener großen Schlacht, die das Schicksal ganz Europas entschied. Chlodwig geriet in große Bedrängnis und wäre um ein Haar in Gefangenschaft geraten, da wandte er sich verzweifelt an den Christengott und gelobte, sich taufen zu lassen, wenn er doch noch siegte. Und siehe da, er siegte tatsächlich und ließ sich 498 in Reims durch den Bischof Remigius taufen. Und die Schwaben gerieten infolge ihrer Niederlage fortan unter fränkische Vorherrschaft.

Nun ist leicht zu folgern: Ein Volk, das grundsätzlich die allerschwersten Gegner heraussucht, erst Caesar, dann Chlodwig, muss doch ein bisschen dumm sein! Dieser Schluss wäre richtig, wenn die Voraussetzung stimmte. Aber ein Volk kann sich im Laufe seiner Geschichte seine Gegner meist nicht aussuchen; sie sind einfach da und lassen sich nicht ignorieren. Sonst könnte man ebenso gut die Deutschen insgesamt zu Dummköpfen erklären, weil sie gegen Franzosen und Engländer, Polen und Russen Kriege geführt haben. Wenn man aber sagt, das Schicksal Deutschlands sei seine Geographie, muss man den Schwaben dasselbe auch zubilligen.

Trotzdem bleibt ungeklärt, warum die Schwaben bei anderen deutschen Stämmen, vor allem den nördlichen, zugleich verachtet und unbeliebt sind. Könnte es daran liegen, dass sie einfach zu tüchtig sind? Es gibt einen frühen historischen Hinweis, der in diese Richtung deutet: Im Jahr 552 schicken die Ostgoten Boten an den Frankenkönig Theudebald, er möge ihnen gegen die Byzantiner zu Hilfe kommen. Die Gesandtschaft kann den König selbst zwar nicht dazu bewegen, aber zwei mächtige Männer an dessen Hof, Leuthari und Butilin, von denen der Geschichtsschreiber Agathias sagt: »Beide Männer waren Brüder und von alemannischem Geschlecht; sie standen bei den Franken in höchster Macht, ja Theudebald hatte ihnen vormals die Herrschaft über ihr eigenes Volk gegeben.« Das alles dürfte dem fränkischen Adel gar nicht gefallen haben, und man kann sich leicht vorstellen, dass sich mancher fragte, wozu man die Alemannen eigentlich besiegt habe, wenn sie nun mächtiger seien als vorher.

Als historisch gesichert gilt, dass das alemannische Herzogtum im 6. und 7. Jahrhundert weitgehend von den Merowingern unabhängig und mächtig war. Aber zu Beginn des 8. Jahrhunderts ging die schwäbische Herrlichkeit dem Hausmeier Pippin dem Mittleren offensichtlich so über die Hutschnur, dass er »voll Wut und Zorn« (wie es heißt) in den Jahren 709 bis 712 mehrere Feldzüge gegen »die Suevi« unternahm und sie mit grausamen Aktionen endgültig dem Frankenreich einverleibte. Den letzten Widerstand brach schließlich Karlmann mit dem Blutbad von Cannstatt (746), das durchaus dem viel berühmteren von Verden an der Aller (782) gleichzustellen ist. So war es nun mit der schwäbischen Herrlichkeit für lange Zeit zu Ende.

Es dauerte Jahrhunderte, bis die Schwaben wieder zu politischer Bedeutung gelangten, aber dann traten sie mit dem staufischen Geschlecht desto glänzender wieder hervor. Als nach dem Ende des salischen Hauses 1125 mit Lothar von Supplinburg ein Sachse zum König gewählt worden war, hofften seine Stammesgenossen, an die ottonische Tradition anknüpfen zu können und künftig den deutschen König zu stellen. Aber siehe da, nach Lothars Tod wählten die Fürsten 1137 statt seines Schwiegersohns, Heinrichs des Stolzen, den Staufer Konrad! Diese Zurücksetzung konnten die Welfen und mit ihnen die Sachsen insgesamt offenbar nicht verwinden, was der bekannte

Streit zwischen Heinrich dem Löwen und Friedrich Barbarossa ebenso dokumentiert wie die Doppelwahl von 1198. Kurz und gut: Seit damals hassten die Sachsen die Schwaben, und dieser Hass lebt unter der Maske der Verachtung leider bis heute weiter.

Eine Anmerkung für Leute, die nur bis gestern oder vorgestern zurückdenken können, das heißt bis zum so genannten »Dritten Reich« oder zur Weimarer Republik: Es gibt historische Tiefenströmungen, die nicht nur durch Jahrhunderte, sondern bisweilen sogar durch Jahrtausende fließen und, wenn sie auch selten an der Oberfläche erscheinen, dennoch die Geschichte mitbestimmen. Das gilt von der bekannten deutsch-französischen Erbfeindschaft und vom (gerade wieder virulenten) polnischen Deutschenhass ebenso wie vom alten sächsisch-schwäbischen Gegensatz, von dem das theatralische Gezerf zwischen Bayern und Preußen vielleicht nur die Karikatur darstellt.

Tatsache ist, dass die Norddeutschen insgesamt, die Niedersachsen im Besonderen auf die Süddeutschen hochmütig herabsehen, wobei »die dummen Schwaben« notorisch schlechter wegkommen als die selbstbewussteren Bayern. Dieses Phänomen ist in vieler Hinsicht rätselhaft. Hat denn Schwaben nicht eine ansehnliche philosophische Tradition, die von Albertus Magnus (dem Lehrer des großen Thomas von Aquin) bis zu Heidegger reicht und auf deren Höhepunkt um 1800 Hegel und Schelling stehen? Gibt es da in der Literatur nicht Leute wie Wieland, Schiller, Hölderlin, Mörike und etliche, die vielleicht nicht zur ersten Kategorie gezählt werden können wie Uhland oder Hauff? Der große Astronom Johannes Kepler war Schwabe; Erfindungen von weltverändernden Auswirkungen wie die des Automobils sind in Schwaben gemacht worden. Kann ein Volk, das so große Geister hervorbringt und so glänzende Erfindungen macht, allen Ernstes als dumm gelten? Da erhebt sich doch eher der Verdacht, dass es der Neid der Besitzlosen ist, welcher die in vieler Beziehung reichen Schwaben unaufhörlich begeifert, um die eigene Armseligkeit zu kaschieren.

Ein entscheidender Grund ist aber ohne Zweifel die Hartnäckigkeit der Schwaben, mit der sie an ihrer angestammten Muttersprache festhalten, weniger weil sie die Schriftsprache nicht erlernen könnten, sondern weil sie es einfach unangemessen, ja geradezu unanständig finden, sich mit ihren Nächsten auf derselben Sprachebene zu unterhalten wie mit irgendwelchen Fremden. Je näher und herzlicher der Kontakt zwischen Verwandten, Freunden und Nachbarn ist, desto intensiver wird auch die Mundart gepflegt; je mehr die alten Strukturen zerfallen, desto leichter wird sie, die doch die eigentliche Muttersprache ist, aufgegeben. Und so gibt es heutzutage vor allem in Stuttgart und um Stuttgart und um Stuttgart herum leider viele, die ein recht zweifelhaftes Schwäbisch sprechen. Gerade für diese armen, durch bemühte Weltläufigkeit ihrer angestammten Sprache Entfremdeten sollte das vorliegende Büchlein von Nutzen sein.

Nachwort

Im Jahr 1998 führte das Institut für Demoskopie Allensbach in Südwestdeutschland und im Rhein-Main-Gebiet eine Umfrage zum Dialektgebrauch durch, bei der die Frage gestellt wurde: »Sprechen Sie selbst Dialekt – wenn ja, welchen?« Darauf antworteten 53,8 Prozent mit »schwäbisch«, 3 Prozent mit »hessisch«, 2,4 Prozent mit »bayrisch« und 1,2 Prozent mit »schwäbisch-badisch«(!). Eine Vergleichsstudie einer Projektgruppe der Universität Tübingen 2003 ergab auf die Frage »Können Sie die Mundart hier aus der Gegend sprechen?« 59 Prozent Antworten mit ja. Das erweckt den Anschein, als wäre der Dialekt, speziell der schwäbische, noch quicklebendig; aber als Schwabe, das heißt als geborener Skeptiker, hege ich da meine Zweifel.

Solche Meinungsumfragen weisen zwei Defizite auf: Erstens wird nur gefragt, was die Leute nach eigener Einschätzung zu sprechen meinen, ohne dass man dafür objektive Kriterien hinzuzöge. Zweitens ist nicht klar, was die Leute unter Dialekt verstehen. Ist es wirklich noch eine bodenständige Ortsmundart oder ein Regionaldialekt oder vielleicht nur jenes Honoratiorenschwäbisch, das im wesentlichen Schriftdeutsch in schwäbischer Aussprache ist? So gern ich es glauben möchte, dass noch eine deutliche Mehrheit hierzulande Schwäbisch spreche, so sehr zweifle ich an der Aussagekraft solcher Umfragen. Bei Untersuchungen, bei denen ganz gezielt nach lexikalischen und grammatischen Eigenheiten der eigenen Mundart gefragt wird, kommen sehr viel bescheidenere Ergebnisse heraus.

Als ich 1988 in meinem Heimatstädtle Wurzach eine kleine Studie zur Ortsmundart durchführte und dabei unter anderem Wörter abfragte, die in den 1940er- und 1950er-Jahren noch allgemein im Gebrauch waren, ergab sich bei den Schülern der 9. Klassen noch eine Kenntnis von 44,4 Prozent, bei den 4. Klassen jedoch nur noch von 20,5 Prozent. Würde man diese Studie jetzt wiederholen, erzielte man wohl ein ziemlich niederschmetterndes Ergebnis.

Wie man liest, müssen die norwegischen Kinder, wenn sie zur Schule kommen, erst einmal Norwegisch lernen, weil sie nämlich vor lauter Fernsehen besser Englisch als ihre Muttersprache können. Die amerikanischen Filme und Kindersendungen werden dort meist nicht synchronisiert. Wenn man diese Erfahrung auf Baden-Württemberg übertrüge, müsste man den Kindern also erst einmal Schwäbisch beziehungsweise Alemannisch beibringen, um eine solide Grundlage für die Erlernung der neuhochdeutschen Schriftsprache zu legen. Traditionell war es hierzulande ja so, dass die Kinder zunächst nur Mundart sprachen und die Schriftsprache gewissermaßen als erste Fremdsprache erlernen mussten. Welchen grandiosen Effekt das hatte, kann man an Leuten wie Wieland und Schiller, Schelling und Hegel, Hölderlin und Mörike, Uhland und Hauff und vielen anderen bis herauf zu Martin Walser und Hans Magnus Enzensberger studieren. Die sprachen (und sprechen) nämlich alle Schwäbisch, aber was für herrliches Deutsch haben sie geschrieben!

Das mindeste, was man heutzutage von der Schule erwarten möchte, wäre wohl, dass sie den Kindern ein einigermaßen korrektes Schriftdeutsch beibrächte. Aber was geschieht da? Eine Kuhmisterin, pardon, Kul-tus-mi-nisterin beschließt, es solle ab der 1. Klasse auch gleich Englisch unterrichtet werden. Als meine Wenigkeit in einem Brief dagegen einwandte, viele, vor allem Ausländerkinder, hätten es wohl nötig, erst einmal Deutsch zu lernen, ließ mich Dero Exzellenz durch einen Subalternen davon unterrichten, dass gerade die Kinder der Gastarbeiter oft besser Deutsch könnten als einheimische. Im Klartext sollte das wohl heißen: Türken lernen irgendwann Deutsch, Schwaben dagegen nie. Diese Einschätzung lag ganz auf der Linie der Regierungspropaganda: »Wir können alles ...« Na, Sie wissen schon!

Wahrscheinlich wird es niemand gelingen, das erhabene Kuhmysterium (sprich: Kul-tus-mi-nis-terium) davon zu überzeugen, dass Schwäbisch auch Hochdeutsch ist, zumindest teilidentisch mit jener Sprache, die Ober- und Mitteldeutsch umfasst und daneben jene neuhochdeutsche Schriftsprache, welche zwar die oberste Sprachebene darstellt, aber keineswegs die ganze Sprache. (Dass diese Erkenntnis irgendwann auch in die höheren Kreise durchdränge, die auf schwäbisch Hautevolée genannt werden, ist leider unwahrscheinlich.)

Welche Hoffnung bleibt da den Eingeborenen dieses Landes, die immer noch, mühsam gegen den Strom der Globalisierung schwimmend, an ihrer uralten Sprache festhalten? Keine besonders große, wo doch ihre Enkel von klein an das saudumme Lettengeschwätz aus der Glotze wie süßen Brei in sich hineinlöffeln und meist unverdaut wieder von sich geben. Halbtaub, wie sie sind, hören sie ja die feinen Nuancen unserer klangreichen schwäbischen Muttersprache schon gar nicht mehr, und wenn sie auch bisweilen ein wenig schwäbeln, so ist das doch nur noch ein schwacher Nachhall alter Sprachgewalt. Was bleibt da einem alten Semnonen wie mir anderes als der Stoßseufzer: »O Elend, läss dāē Fidlɑ säɑ!«

Anhang

Abkürzungen

ahd.	althochdeutsch
dt.	deutsch
engl.	englisch
f.	feminin (weiblich)
germ.	germanisch
got.	gotisch
ital.	italienisch
griech.	griechisch
m.	maskulin (männlich)
mhd.	mittelhochdeutsch
n.	neutrum
nhd.	neuhochdeutsch
Pl.	Plural (Mehrzahl)
port.	portugiesisch
Part.	Partizip
Part. Perf.	Partizip Perfekt
schwäb.	schwäbisch (west-, mittel-, ostschwäbisch)
schwed.	schwedisch
Sg.	Singular (Einzahl)

Fachausdrücke

Anapäst	Versfuß: zweimal unbetont – betont, v v –
Daktylus	Versfuß: betont – zweimal unbetont, – v v
Deklination	Beugung der Substantive und Adjektive
Diphthong	Kombination zweier Vokale wie ai, au ei, eu (oi)
Flexion	Beugung (Oberbegriff für Deklination und Konjugation)
flektiert	gebeugt (dekliniert oder konjugiert)
Hiatus	Zusammenstoß zweier Vokale, die getrennt gesprochen werden (Hi-atus)
Jambus	Versfuß: unbetont – betont, v –
Indifferenzlaut	undeutlich artikulierter Vokal zwischen a und e, oft leicht nasal
Irrealis	Modus der Nicht-Wirklichkeit (z. B. Er bildet sich ein, er wäre krank.)
Konjugation	Beugung der Verben
Potentialis	Modus der Möglichkeit (z. B. Er sagt, er sei krank.)
Realis	Modus der Wirklichkeit (z. B. Er ist krank.)
Schwalaut	siehe Indifferenzlaut
Tilde	gebogener Akzent, symbolisiert Nasal
Trochäus	Versfuß: betont – unbetont, – v
Zirkumflex	dachförmiger Akzent: ã, ẽ usw.

Zeittafel zur Geschichte der Schwaben

6. Jh. v. Chr. Trennung der Elbgermanen von den
Nordgermanen

5. bis 2. Jh. v. Chr. Entstehung verschiedener Stämme
im Elbe-Saale-Gebiet: Langobarden, Semnonen,
Hermunduren, Markomannen, Quaden u. a.

seit dem 2. Jh. v. Chr. Einwanderung germanischer Stämme
nach Südwestdeutschland

1. Jh. v. Chr. Swebische Stämme zwischen Main und Donau

58 v. Chr. Schlacht bei Mühlhausen (im Sundgau):
Sieg Caesars über die Sweben unter Ariovist

seit 89/90 n. Chr. Bau des Limes, im 2. Jh. zur festen Grenze
ausgebaut

98 n. Chr. Germania des Tacitus: Erwähnung der
swebischen Sprache

213 u. 233 n. Chr. durchbrechen die Sweben den Limes.

259/60 n. Chr. erobern sie das Land bis zum Rhein.

260 n. Chr. Ein römischer Altar in Augsburg feiert einen
Sieg »ob barbaros gentis Semnonum sive Iouthungorum«
(über die Barbaren vom Stamm der Semnonen oder
Juthungen).

289 n. Chr. wird in römischen Quellen zum ersten Mal der
Name »Alamanni« genannt.

1. Hälfte des 4. Jh. Alamannen als Bundesgenossen (foederati)
der Römer, besonders unter Constantius II. (337–361):
Viele Alamannen dienen im römischen Heer, werden
Offiziere und sogar Generäle (Agilo, Gomoar).

357 n. Chr. Sieg Julians bei Straßburg über die Alamannen

375–378 Kaiser Valens: Die Alamannen gelten als Staatsfeind
Nr. 1, als »hostis totius orbis Romani« (Feind des ganzen
römischen Erdkreises).

406–411 Zug der Sweben auf die Iberische Halbinsel, Gründung eines Reiches (411–575), aus dem später Portugal geworden ist

496 (oder 497) Schlacht bei Zülpich: Sieg Chlodwigs über die Alamannen; Verlust des Maingebiets an die Franken

6./7. Jh. relative Selbständigkeit des alamannischen Herzogtums

Anf. 7. Jh. Pactus Alemanorum: 1. alamannisches Gesetzbuch

7. Jh. Christianisierung, zunächst vor allem der Oberschicht

1. Drittel des 8. Jh. Lex Alamannorum (Gesetz der Alamannen)

742 n. Chr. Feldzug Karlmanns und Pippins gegen die Alamannen (Herzog Theudebald)

746 n. Chr. Feldzug Karlmanns und »Blutgericht zu Cannstatt«: Ende des 1. alamannischen Herzogtums

Ende des 9. Jh. unter den letzten Karolingern Gründung des Herzogtums Schwaben (jüngeres Stammesherzogtum)

10./11. Jh. zur Zeit der Ottonen und Salier: Herzogtum Schwaben zwischen Vogesen und Lech, mittlerem Neckar und Oberengadin

12./13. Jh. unter den Staufern: Schwaben (neben Franken) das Zentrum des Deutschen Reichs

nach 1254 territoriale Zersplitterung Schwabens

1265–1325 Graf Eberhard I.: Aufstieg Württembergs zur Regionalmacht im Neckargebiet

1388 Schlacht bei Döffingen: Sieg Eberhards II. (des Greiners) über den Schwäbischen Städtebund

1495 Erhebung des Grafen Eberhard V. (im Bart) zum Herzog

1495–1805 Herzogtum Württemberg

1803 Reichsdeputationshauptschluss: Viele Klöster und Reichsstädte fallen an Württemberg.

1803 »Alemannische Gedichte« von Johann Peter Hebel: Zum ersten Mal wird wieder der Begriff »alemannisch« verwendet.

1806–1918 Königreich Württemberg (von Napoleons Gnaden)

1806 Oberschwaben und Teile Frankens an Württemberg, Bistum Augsburg und andere Gebiete zwischen Iller und Lech an Bayern: Regierungsbezirk Schwaben

1815–1866 Württemberg Mitglied des Deutschen Bundes

1866–1871 Württemberg souveräner Staat

1871 Aufgehen im zweiten Deutschen Reich

1945–49 Südwestdeutschland teils amerikanische (Württemberg-Baden), teils französische Besatzungszone (Württemberg-Hohenzollern und Baden)

1952 Wiedervereinigung schwäbischer und alemannischer Gebiete im neuen Bundesland Baden-Württemberg

Dialekträume in Baden-Württemberg

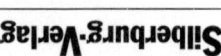